아빠도
쉽지
않았다.

아빠도 쉽지 않았어

이철재 지음

현재 최선을 다 하는 당신

당신의 과거는 현재에 영향을 주었는가?

YES

그렇다면 당신의 현재는 미래를 결정한다.

현재 삶에 최선을 다한다면

당신의 미래가치는 커질 것이다.

당신은 이미 미래의 행복을 만들었다.

들어가기

사회에 첫발을 내딛게 되면 대부분 사람들은 직장 생활을 하게 되며 그 중의 절반 이상이 일반적으로 회사생활을 하게 될 것이다.

어떤 직장을 다니던 지 간에 처음에는 모두 신입사원이고 거기서부터 시작해서 얼마나 잘 적응하냐에 따라 적응 후에도 얼마나 잘 올라가고 실력을 발휘하느냐 타인과 얼마나 잘 지내느냐, 가정생활, 개인 생활에는 문제가 없는 지에 따라 계속 다녀서 조직 내에서 성장하고 또 조직에 공헌하게 되는 지가 결정된다.

직장은, 회사는(이하 직장이라는 용어는 농업이 던, 식당이 던, 공무원이 던 어떤 일을 하던 지 일을 하는 곳은 모두 직장이라 칭할 수 있으므로 혼란을 피하기 위해 회사라고 칭하기로 한

다) 학교와 달라 커리큘럼이 없다. 선생도 교사도 없다. 거기에다가 과거 경제 성장기에는 구 시대적 교육방식으로 연수니 수련대회니 해서 교육이 많았으나 요즈음의 대기업 등에서는 이런 집단적인 훈련은 많이 없어져서 신입사원들이나 중견 이하의 사원들이나 어떻게 해야 회사생활을 잘하는 것인지 매우 혼란스러워 하거나 혹은 개인생활에만 치우치곤 한다. 예를 들면 정해진 자신의 일만을 하고 그저 월급만 받으면 된다는 식이거나 반대로 남들보다 더 회사를 위해 공헌하고 출세하고 싶어도 혹은 좀 더 보람 있는 회사 생활을 하고 싶다고 해도 특별히 가르쳐주는 선배들도 없고 선배들도 섣불리 가르쳐 주려다 혼돈을 주거나 오히려 간섭한다고 민망한 일을 당할까 보아- 배울 곳도 없는 것이 현실인 것 같다.

    필자가 하는 말이 모두 맞을 수는 없다. 참고 삼아 그저 자신의 성공적인 회사 생활을 위해 참고가 된다면- 아 이런 생각이구나 하고 생각해주면 감사할 따름이다.

차 례

들어가기   5

에필로그   13

Step 1. 적응기   17

1부   **어떤 회사를 선택할 것인가?**   18

2부   **신입사원**   24

     1. 신입사원의 마음자세   25

     2. 신입사원의 생활태도   29
       1) 인사
       2) 출퇴근
       3) 복장

     3. 신입사원이 가장 많이 하는 질문   34
       1) 인간관계란 무엇인가?
       2) 어떤 일부터 해야하나?
       3) 어떻게 해야 성공하나?

	4. 워라벨	41
	1) 워라벨의 기준은 무엇인가?	
	2) 여가시간에 무엇을 할 것인가?	
	3) 독서는 언제 합니까?	
3부	**업무방법**	**55**
	1. 일일 업무일지를 써라.	56
	2. 어떤 업무를 해야하나?	58
	3. 업무수행 태도	60
	4. 보고서를 어떻게 쓸 것인가?	65
	• 상사의 업무 스타일	
	5. 회의에 어떻게 참여할 것인가?	70
	6. 의사결정할 때의 고려사항	75

Step 2 . 주요 활동기   78

4부	**관계**	**79**
	1. 상사와의 관계	80
	2. 부하와의 관계	92

3. 상사와 부하의 만남   99

4. 인맥을 활용하라.   102
    1) 사내 인 Fra.
    2) 사외 인 Fra.

5. 갈등해결   111
    1) 상사와의 갈등
    2) 타 부서와의 갈등
    3) 거래처와의 갈등

6. 설득   124
    1) 부하설득
    2) 상사설득
    3) 신규업체

7. 상대의 Need 파악   128

5부 직장 생활의 특징   132

1. 직장 생활의 장단점   133
2. 직장 생활의 금기   137
    1) 핑계
    2) 아부와 뇌물
    3) 뒷 담화
    4) 이야기 하지 말아야 할 것 들

3. 출장	147
4. 직장 생활과 사업의 차이	150

6부 엔지니어   153

1. 제조업에서 엔지니어의 역할	154
2. 엔지니어의 의무: 안전(Safety)	156
3. 엔지니어의 의무: QCD	158
4. 엔지니어가 갖추어야 할 소양	160
5. 엔지니어는 현장에서 답을 찾아야한다.	162

Step 3. 리더시기   165

7부 리더   167

1. 리더는 사랑이다.	169
2. 리더는 희생이며 솔선수범이다.	175
3. 리더는 결과로 평가 받는다.	179
4. 리더는 포기하지 않는다.	184
5. 리더의 안목	190
6. 리더의 가면	194

7. 리더의 생활 195
  1) 리더들이 꼭 해야할 행동양식
  2) 리더들이 삼가해야할 것들
  3) 리더의 앞 날
  • 한국 경제계의 리더

8부 인재와 조직 207

1. 어떤 인재를 데리고 일할 것인가? 208
2. 인재육성 214
  1) 잘하는 것은 키우고 못하는 것은 보완하라.
  2) 두 번째 잘하는 사람과 일하라.
  3) 출장,교육을 최대한 권장하라.
  4) 인재의 수준을 분류하라.
3. 조직 223
  1) 선도조직을 활용한 조직 경쟁력 강화
  2) 전체가 고른 경쟁력을 갖춘 조직

9부 리더기에 있는 리더가 알아야할 것들 227

1. 안전 228
2. ESG 경영 230
3. 탄소중립 232

10부 재테크   234
- 1. 주식   236
- 2. 부동산   238
- 3. 직장인의 재테크   241

11부 Spec의 Up Grade   243

12부 제2의 인생 무엇을 할 것인가?   246
- 1. 혼자 할 수 있는 것이 있나?   247
- 2. 나만의 홀로 여행   249
- 3. 무엇을 할 것인가?   250
- 4. 어떻게 준비할 것인가?   252

13부 건강의 의미   254

14부 좌절을 이기는 방법   257

15부 소중한 것들   260

후기   263

에필로그

"성공의 정의"

회사에서의 성공은 무엇인가? 어떻게 정의 할 수 있을까?

그 정의에 따라 당신의 만족스런 회사생활이 어떤 모습일지 또한 성공적인 회사생활은 어떻게 해야 하는 것인지 달라진다.

회사에서의 성공이란 무엇일까?

어떤 모습일까?

- 회사에서 고위직으로 올라 가는 것인가?
- 회사에서 성과를 많이 내서 연봉을 많이 받는 것일까?
- 회사를 정년까지 문제 없이 오래 다니는 것일까?
- 회사에서 스스로 느끼기에 자아실현을 할 만큼 보람 있는 일을 하는 것일까?
- 그 외에 또 다른 이를테면 즐겁게 다니는 것일까?

이 글을 읽는 여러분 자신이 성공에 대한 정의를 내려야만 한다. 그래야만 거기에 맞는 성공적인 회사생활을 할 수 있는 것이다.

예전에는 인생을 세개의 PART로 나누어서 이야기하곤 했다.

PART 1은 유아기, 사춘기, 청년기로 나눌 수 있으며 교육을 받는 시기이며 PART2를 준비하는 시기라 할 수있다. 이 시기에는 모두가 알다시피 부모의 보살핌을 받고, 커리큘럼 대로-물론 개인별 차이가 있지만- 열심히 하고 때론 혼란스럽기도 하지만, 아주 특별한 경우가 아니라면 공부를(훈련들을 모두 포함)하여 진학하고 취업하는 것이 최종 목표인 때이다.

PART 2는 세 Step으로 나누어 볼 수 있다.

1st step. 직장(회사)생활을 시작하여 초년시절 업무를 배우고 조직에 적응하는 시기로 직급으로 따지면 사원, 대리, 과장 초년까지 시기라 할 수 있다. 신입사원 시절 조직에 적응하고 업무를 배우고 사람을 익혀서 자신의 조직에 연착륙하여 자신을 조직에 필요한 하나의 부품으로 연마해 나가는 것이다.

2nd step. 과장에서 부장 혹은 팀장까지의 시기고, 회사의 업무를 자신의 책임 하에 진행하는 시기고 제대로 된 업무를 모두 시행하는 시기며 이때의 성과와 능력에 따라 이후 진행이 결정

되게 된다.

3rd step. 팀(부)장~임원(CEO까지 포함)의 시기로 조직의 굵직한 결정을 하게 되고 흔히 말하는 조직의 책임자의 위치(자신이 직접 하지 않는 일이어도 이름만 업급 되어도 일에 대한 모든 책임을 지는 자리)에 오르는 것이다. 이러한 3단계로 하여 인생의 PART 2가 끝나고 퇴직을 하면 인생의 PART 3가 시작되며 이때부터 죽음에 이르기까지의 시기이다.

그런네 요스음은 인간수명의 향상으로 100세 시대가 되면서 인생은 3개의 PART가 아닌 4개 PART로 나뉘어지게 되었다.

PART 3단계가 제2의 인생이란 컨셉으로 다가오며 그때에 그저 편안한 노후가 아니라 돈이 있어야 하며 해야 할 일도 있어야만 한다.

PART 4는 제2의 인생을 마무리하고 사람에 따라서 다소 차이가 있겠지만 70~80세 이후의 시기에서 사망에 이르기까지의 시기가 되겠다.

따라서 인생이 PART 4로 재편 됨으로 인해서 PART 3의 중요성과 더불어 PART 3를 준비하는 PART 2, 직장(회사)생각의 패러다임을 바꾸어 간다고 할 수 있다. 단순히 직장에서 최고 고위직에 오르고 돈을 많이 모았다고 해서 성공적인 직장 생활을 했다고 할 수 없다는 것이다.

나름대로 정의한다면 회사에서의 성공. 아니 성공적인 회사생활을 한다고 하려면 ① 돈, ②가정, ③직위, ④인생PART 3준비 등 네 가지 에서 어느 정도 달성해야만 성공적인 회사생활을 했다고 할 수 있지 않을까?

그럼 여기서는 돈 버는 방법, 가정에 행복을 누리는 것이 아닌 직장에서 나름 정한 목표를 달성하려면 어떤 회사 생활을 해야 할 지 이야기 해보고자 한다.

인생 PART 2. ## Step 1. 적응기
매니저 : 사원, 대리
업무를 익히고 기업문화,
정신에 적응하는 시기

1부

어떤 회사를 선택할 것인가?

자신의 미래가치를
극대화 할 수 있는 일터(회사)를 찾으라!

어떤 회사를 선택할 것인가?

한마디로 딱 잘라 말해서 자신의 미래가치를 키울 수 있는 회사를 택해야 한다. 즉 자신과 같이 성장할 수 있는 회사여야 한다.

아무리 현재 연봉을 많이 주고, 주가가 높은 회사여서 그 규모가 크고 재산이 많은 회사라 하더라도 산업 전체가 사양산업이거나 향후 미래에 비젼이 없는 회사라면 지금 당장 입사 할 때는 연봉이 많을지 모르나 향후 10년, 20년 후 여러분의 상황은 그다지 밝다고 장담할 수 없을 것이다.

필자의 경우 입사 시에는 그다지 큰 회사는 아니었으나 20년 후에는 그 40배에 달하는 규모로 성장하여 회사의 성장으로 인하여 자신의 능력이상의 대우를 받을 수 있는 환경이 마련되어서 많은 혜택을 누릴 수 있었다.

두 번째는 자신의 미래가치가 높아질 수 있는 일을 선택해야 한다. 아무리 전망이 좋은 산업의 탄탄한 회사, 성장가능성이 큰 회사에 입사한다고 하더라도 본인은 그 조직의 메인이 아닌 서브의 일 혹은 허드렛일(물론 지원업무나 잡다한 일도 조직의 유지성장에 없어서는 안 되는 중요한 일이며 해당회사에서 서브의 일이라도 배워서 이직하여 그 일이 이직하는 회사의 메인 일이 될 것이라면 경험을 위해서 연봉을 많이 받고, 일을 배운다는 것이라면 마다할 이유가 없다)을 한다면 조직이 성장하더라도 자신의 성장과 미래가치를 높이기는 어려운 것이다.

쉽게 말하면 선택하려는 회사의 메인 업무, 핵심 업무, 성장동력은 무엇인지 조사해보고 회사를 택해야 하는 것이다.

자동차 회사에 기계나 전자가 아닌 화학, 섬유 전공자는 필요하겠지만 메인이 아닌 것은 분명하고 병원에 입사하는데 의료나 경영이 아닌 토목이나 건물을 전공한 사람이 입사하는 것이 메인이 아니라는 것은 자명한 것이다. 토목이나 건축을 전공한 사람이 병원에서 연봉을 많이 받으면서 근무한 후 그 경력을 인정받아 다른 건설회사에 입사하거나 하여 자신의 미래 상품 가치를 높이는 것은 매우 어려울테니 말이다. 자신의 부모나 조부모가 병원을 갖고 있어 해당 분야를 일부러 배우러 입사한 것이 아니라면 말이다.

세 번째는 자신의 미래가치를 높일 수 있는 일을 택해야 한다, 두 번째와 어떤 면에서 같은 의미로 볼 수 있으나 두 번째는 내가 가치를 높일 수 있는 것이 아니라 회사 즉 조직 자체에서 미래가치가 높아지는 아이템을 찾으라는 것이고 세 번째는 아무리 미래 가치가 높아질 가능성이 커도 자신의 적성과 능력에 맞아야 한다는 것이다.

정답은 없으나 이 세 가지 즉,
첫 번째, 자신과 같이 성장할 수 있는 회사.
두 번째, 미래가치가 커지는 일.
세 번째, 내가 미래가치를 키울 수 있는 일.

이러한 것을 여러분의 직업, 여러분의 일, 여러분의 회사로 선택해야 한다. 작금의 상황은 취직도 잘 안 되는데 찬밥 더운밥 가리면서 언제 나에게 적합한 타당한 자리를 찾느냐고 배부른 소리라 할 수 있으나, 아니다

여러분이 30년 가까이 준비하여 택하는 향후 30년이

기 때문이다. 태어날 때는 여러분의 의지가 아니나 PART 2 의 인생의 주요 아이템은 여러분이 선택할 수 있으며 선택해야만 하는 것이고, 그 PART 2는 또한 여러분의 인생의 PART3,4의 Base가 될 것이므로 반드시 신중한 선택을 해야만 하는 것이다.

순서가 뒤바뀐 듯하지만 그럼 그렇게 중요한 "미래가치"란 무엇인가? 어떻게 정의 할 것인가?

이 세상에 우연은 없다. 흔히들 말하길 한번은 우연일 수 있으나 두번은 필연이라는 말을 한다. 그러나 이세상에 우연은 없다. 원인 없는 결과가 없으며 과거는 항상 현재에 영향을 주어 그 결과를 만들며 현재는 또한 미래의 원인이 되어 미래를 바꾸어 놓는다.

미래가치란 단순한 능력 예를 들면 재력, 업무 능력 등을 뜻하는 것이 아니다. 과거의 내가 만든 일들에 의하여 만들어진 현재의 나 자신의 가치를 따져보면 나의 미래가치를 높이기 위해서 현재의 내가 무엇을 해야 하는지? 어떻게 해야 하는지 유추 할 수 있다. 거기에다가 조직(회사)과 더불어 내가 할 수 있는 것이 무엇이 있는지 생각해 본다면 나의 미래가치가 무엇인지 알 수 있다.

회사 생활을 마칠 때 쯤 지금으로 부터 20~30년 후 여러분의 위치에서 여러분이 현재에서 무엇을 이루었는지 또한 인생 PART 3.의 준비가 얼마나 되어있는지 심사하여 보는 것이 미래 가치를 정의하는 방법이다. 즉, 어느 정도 인생 PART 2.의 내 목표를 이루고 PART 3.을 위한 준비가 어느 정도 되어 있는지가 여러분 미래가치 지수이다.

2부

신입사원

나는 누구인가?
나의 목표는 무엇인가?
나는 성공할 것인가?

신입사원의 회사생활

여러분의 입사를, 첫 직장 생활을 진심으로 축하한다.
자! 이제 무엇을, 어떤 일을 할 것인가?
아무도 일을 시켜주지 않는다, 가르쳐주지도 않는다.
물어 볼 만한, 아는 사람도 없다.

1. 신입사원의 마음자세

어떤 직장 생활을 할 것인가?

자, 입사 했다면 여러분의 목표를 세워야 한다. 내 직장 생활의 목적은 무엇인가? 이 답에 대부분 이렇게 답한다. 행복하려고 한다. 맞다. 그러면 어떻게 되면 행복한가? 돈이 많으면 행복한가? 돈이 어느 정도 있으면 행복할까? 하고 질문하면 정확히 답을 하지 못한다. 그 이전에 정해야 할 것이 있다.

자신의 직장 생활의 근원적인 목표를 정해야 한다. 나의 직장 생활을 언제쯤, 어떻게 끝낼 것인가? 좀 더 많은 돈을 벌기 위한 종잣 돈을 만들기 위해 정해진 직장 생활 동안에 얼마의 돈을 만들어 퇴사하여 새로운 일을 시작하는 것이 목표인 경우가 있을 수 있다.

두 번째는 나는 그저 정년까지 그럭저럭 안 잘리고 다니면서 가정생활 재미있게 하고 다른 취미나 혹은 부업을 하면서 인생 PART 3.준비하겠다. 이 또한 매우 좋은 생각이다. 다만 향후 법이 바뀌거나 해서 정년 보장이 안 되는 사회가 올 가능성이 크니 신중히 생각해야 한다.

마지막으로 당연한 생각일 수 있으나 열심히 해서 최고의 자리까지-CEO 혹은 임원 등등-올라가고 회사에도 기여하고 나의 발전도 이루겠다.

위의 세 가지의 경우 중 하나의 목표가-물론 다른 것일 수도 있겠지만-반드시 있어야 여러분이 신입사원으로서 업무를 배우고 생활을 하는 방향이 설 것으로 보인다.

정리하면 간단히 말해 세 가지 이다.
1) 필요한 만큼 돈 벌어 나가기
2) 정년까지 즐기며 다니기
3) 높은 위치까지 올라가기

신입사원의 다짐.

여러분은 초등학교 6학년 때 엄청 어른인 것 같고 다 큰 것 같다고 여겼는데 졸업하고 진학하니 다시 막내취급을 받고 하는 기억들이 있다. 이는 상급학교에 전학할 때 마다 늘 겪는 경험이었다.

직장도 마찬가지다. 유년기를 거쳐 초.중.고 12년을 공부하고 군대 포함하여 대학과정 2-4년을 거치는 등 약 30년 (25~30)을 교육과 훈련을 받고 어마어마한 경쟁을 뚫고 회사에 입사해보니 다시 사회에서 초년생이 된 것이다.

신입 일 때는 늘 큰 꿈을 갖게 되며 학교에서는 엄청난 것을 혹은 대단한 전공지식을 가졌고 대단한 영어실력을 갖고 있다고 생각해서 입사된 것으로 여겼는데 와서 보니 하는 일은 그에 비하여 매우 하찮은 일을 하게 되는 경우가 대부분이다. 경력사원이나 고도의 전문가가 아닌 이상 말이다.

이 때에 느끼고 생각할 일은 여러분은 이제 새로운 출발점에 섰다는 것이다.

어떤 좋은 학벌을 가졌던지, 얼마나 대단한 지식을 가졌던지 여러분은 모두 동등한 조건으로 100m 출발선상에 섰다는 것이다.

일단 새로운 출발선상에 선 이상 과거 여러분이 겪었던 그 대단함 들은 어떤 도움도 되지 못한다. 다만, 여러분의 잠재능력일 뿐이다. 그러나 100미터를 일단 출발하고 나면 출발부터 넘어지는 경주자가 있는가 하면 중간에 넘어지거나 포기하는 자도 있으며 반대로 막판에 힘을 내서 역전하여 우승하는 사람도 있다.

여러분은 모두 능력이 있다고 판단되어 회사에서 선발된 것이며 또한 동시에 고시시험이나 스포츠 경주처럼 무조건 실력 좋은 사람을 선발한 것이 아니라 여러분을 뽑는 회사는 여러분이 필요하여 다양한 사람들을 뽑는 것이다.

무슨 말인가 하면 회사는 단순히 영어 실력이 좋은 사람. 업무능력이 뛰어난 사람 만을 선발하진 않는다. (경력직의 경우는 다르지만) 선발하고 훈련하여 자기 조직에서 버틸 수 있고 성장 가능성이 있으며 회사의 가치를 높일 수 있는 사람을 선발하는 것이다. 마치 군대에는 소총수, 기관포수, 박격포수 등 역할이 따로 있고, 조폭 조직에는 칼 잘 쓰는 사람, 발차기 잘하는 사람 등이 따로 필요하듯이 여러분들의 기본실력과 성품을 보고 선발하여 조직의 각 위치에 배치하여 조직의 가치를 높이고자 하는 것이다. 따라서 신입사원인 여러분은 입사성적과 관계없이 현재는 모두 동일 출발선 상에 있으며 향 후 앞으로 어떻게 하느냐에 따라 미래가 달라질 것이다.

특히 여러분의 학벌은 일단 입사할 때까지 필요한 것이지 향 후에는 중요 요소가 아니다. (물론 어떤 때는 결정적인 요소가 되기도 하지만 말이다) 최소한 여러분들이 회사 내에서 업무를 하는 데에서는 중요한 부분은 아니다.

100m 출발선에 섰다는 심정으로 신발 끈을 조인다는 다짐이 필요한 때이다.

2. 신입사원의 생활태도

신입사원때 가장 신경 써야 할 것들

1) 인사

그 첫번 째는 인사이다. 요즈음의 세대는 예절교육도 적고 좀 더 자유분방한 사회 분위기이다 보니 인사하기에 별로 신경을 쓰는 것 같지 않다.

인사는 꼭 예법에 맞추지 않더라도 안 하는 것보다는 하는 것이 좋지 않을까?

인사는 굳이 따지자면 누구를 위해서 하는 것일까 하고 여러분은 생각해 본 적이 있나?

인사는 하는 사람을 위한 것이다. 고대사회의 황제에 대한 인사는 충성을 맹세하는 것인 동시에 황제에게 위해를 가할 의사가 없음을 확인하는 것이며 동시에 신뢰를 표시하는 것이다.

최근에 보면 자신이 속해있는 팀이나 직속상사가 아니면 또는 모르는 사람에게는 인사를 안 하는 사람들이 많은데 인사는 하면 할수록 하는 사람에게 이익이 되고 안 하면 안 할수록 자기 자신에게 손해이다. 물론 자신을 손해 보게 하는 사람을 알 길이 없지만 돈을 벌기 위해서 알바를 하거나 서비스업을 하는 경우에는 모르는 사람에게 "반갑다. 사랑한다. 고객님." 하고, 기분이 나빠도 스트레스 받으면서 "좋은 하루 되세요." 하며 고객에게 인사를 하면서 정작 나와 같이 지내고 내 조직에서 나의 미래에 관여하며 영향을 줄 수 있는 사람에게는 인사를 왜 중요시 여기지 않을까?

회사의 승진이나 연봉을 정할 때 물론 대부분의 기업이 수치화하여 이를 공정하게 하려고 하나 정성적인 부분을 완전히 배제할 수 없는 것이 또한 어쩔 수 없는 현실이다.

따라서 인사를 통해서 자신을 알리는 것은 오히려 자신의 업무성과로 명확히 판단할 위치에 있는 직속 상사보다는 그 주변 인물들에 대한 인사, 나의 이미지 관리가 매우 중요하다. 또한 인사는 반드시 진정성이 있어야 하며 상대가 당신을 인지할 수 있으며 한 번 더 관심이 가도록 절제되고 정중한 인사가 되어야 한다.

2) 출퇴근

누구나 출근을 하는 것은 또 하루의 시작이구나, 오늘은 어떤 일이 일어날 것이며 무슨 일을 해야지 하면서 긴장과 스트레스로 다가온다. 이 해소를 위해서는 일찍 출근하는 것이 답이다.

사례 1. 출근의 순서

어느 일본의 유명한 회사의 사장이 하루는 일찍 출근하여 회사옥상에서 정문을 내려다보고 있었다.
제일 먼저 자기 바로 아래의 부사장이 출근하고 이어서 임원들, 부장, 차장, 과장 순으로 출근했으며 마지막으로 출근 마감시간이 다 되어서 뚜벅이들이 앞다투어 출근하더라는 것이다.
이 상황이 어떤 의미를 줄까? 아침에 출근하여 어제의 일을 정리하고 오늘 일을 스케줄링 하는 것이 하루의 일과를 좀 더 쉽게 풀어 나갈 수 있다. 필자는 이 글을 읽은 후 늘 타인보다 먼저 출근하여 지난밤의 상황을 정리하고 오늘 할 일을 계획할 수 있었다.

사례 2. 유럽사람(선진국)들의 출퇴근

유럽에 출장 갔을 때 겪은 일이다.
오후 4시가 되어 퇴근하여 식사하면서 나눈 대화의 내용인데 당신(서구의 직장인)들은 이리 일찍 퇴근하고 주말에는 토요일도 쉬면서 (최근에는 우리나라도 토요일도 휴무지만) 일은 언제 하냐고 했더니 퇴근은 일찍하지만 일을 갖고 집에 가지고 가서 한다고 했다.

최근에는 재택 근무도 많다. 자율 출퇴근도 많이 늘어나는 추세지만 여러분 자신의 미래를 위해서는 어차피 출근하는 것이라면 다른 사람보다 늦게 출근하는 이미지를 줄 필요는 없다. 굳이 엄청 일찍 출근하고 늦게 퇴근할 필요는 없지만.

3) 복장

신입사원일 때 어떤 복장이 좋을까? 보통 공장에서는 회사가 정한 유니폼을 입고 생활하므로 출퇴근 때의 복장에만 신경 쓰면 되지만 사무실 직원들은 일반 복장 흔히 말하는 사복을 입고 근무하게 되므로 복장에 신경을 쓰지 않을 수 없다.

간단히 말해서 자신의 개성에 어울리도록 하는 것이 좋으나 너무 경직되어도 안되고 너무 자신만을 나타내는 것 또한 그다지 좋은 것은 아니다.

여러분이 입사해서 처음 직장생할을 할 경우는 결혼식이나 졸업식에서 처럼 여러분이 주인공이 아니다. 입사한 후에는 커다란 조직의 일부인 것이다. 모델이나 영화배우 같은 직종에 근무하는 경우가 아닌 이상 여러분은 조직의 일원이고 원 팀을 이루기 위한 하나 하나의 소중한 존재이다.

월드컵 축구 국가 대표팀의 경우처럼 원팀으로 단결해야 하는 동시에 각자의 포지션에 따른 역할을 동시에 수행해야 하는 것처럼 자신의 위치에 필요한 역할을 하되 동시에 다른 포지션의 사람을 도와야하는 것이다.

각자의 개성을 존중하여 나만의 자존감을 지키는 복장을 하되 너무 튀어서는 안 된다는 것이다.

내용이 중요하지 형식이 무엇이 중요하냐? 다시 말해 '일만 잘 하면 되지 복장이 무슨 상관인가?'라고 생각할 수 있다. 이 세상에 내용을 신경 쓰지 않고 형식을 너무 강조하는 것은 심각한 문제를 초래할 수 있다. 반대로 내용에 만 치우치고 형식은 완전히 무시한다면 이 또한 바람직하지 않다. 적절한 형식과 절차를 유지하면서 나름 실력을 키우고 내용을 이루어 나가는 것이 조화로운 직장 생활이다.

3. 신입사원들이 가장 많이 하는 질문

1) 인간관계란 어떤 것인가요?

신입사원 교육 시(OJT[1]:on the job training : 직장 내 훈련)질문을 한다. "회사 생활에서 가장 중요한 것이 무엇이라고 생각합니까?"

대부분 열에 일곱 사람은 "인간관계"라고 답한다. 이는 그 의미를 생각해보면 회사라는 조직은 사람들의 관계로 이루어져있고 그 사람들이 일을 하며 또 그 사람들이 서로를 평가하면서 유기적으로 돌아가게 되어있는 사회생활이므로 어쩌면 당연한 대답이라 할 것이다.

실제로 업무능력이 매우 뛰어나면서도 인간관계 때문에 중용되지 못하는 경우가 많은 것이 사실이다. 그러면 회사에서의 인간관계는 어떤 것이 좋은가? 하고 질문한다면 대부분 그저 '잘 지내야죠.' 서로 양보하고 타협하고 협력하여 잘 지내야 한다고 답한다.

이 경우에는 필자는 예전 관리자 양성 학교에서 배운 것을 설명한다.

---

1 OJT : 직속 상사가 작업 현장에서 업무를 개별지도, 교육하는 훈련 방법

추운 겨울날 굴 속에 두 마리의 고슴도치가 있었다. 떨어져 있자니 너무 추웠고 가까이 붙으니 서로 가시가 찔려서 따가웠다. 바로 이런 관계가 회사에서의 인간관계이다. 적당한 거리를 두어야 따갑지도 않고 너무 춥지도 않은 것 바로 그런 관계이다.

실제 우리가 많이 겪는 경우입니다만 회사에서 친한 동료 특히 동기들과 매우 친하여 같이 이야기하는 자리에서 자신의 상사에 대한 험담 소위 말하는 뒷담화를 하게 되었는데 그것도 단 둘이서, 그랬는데 그것을 해당 상사가 아는 경우가 발생하곤 한다. 그 정황이야 뻔한 것이죠.

회사에서는 아무리 친한 사이에도 동시에 경쟁자이며 나의 비밀, 나의 불만을 말하여도 괜찮은 사람은 아무도 없다고 생각해도 무방하다.

그렇다고 서로 단지 업무 얘기만 하며 지낼 수는 없다. 일본 속담에는 친해지려면 도둑질 빼고는 그 사람과 무엇이든지 다 같이 해보라는 말도 있다. 물론 믿을 수 있는 사이여야겠지요.

인간관계에서는 늘 고슴도치를 생각하면서 신중히 행동하라는 것으로 이해하시면 된다.

2) 어떤 일부터 해야 하나요?

제가 오늘 해야 하는 일은 A라는 일인데 위에서는 B라는 일을 시키고 다른 부서에서는 C라는 일을 협조해달라고 하는데 어떤 일부터 해야 하는지 답답하고 바쁘기만 한데 어떻게 해야 하는지.

조직 내의 모든 일은 중요하다. 이를 효율적으로 하기 위해서는 평소에 일에 대한 관리가 중요하며 일을 관리하여 시간을 효율적으로 사용하기 위해서는 먼저 일에 대한 분류가 필요하다.

집안청소를 할 경우에도 가장 먼저 할 일은 먼지를 털고 쓰레기를 치우는 것이 아니라 정리 즉 버릴 것과 사용할 것의 구분이 먼저이고 그 다음이 정돈이고 그런 후 소제(청소)를 하는 것처럼 말이다.

일은 세 가지로 분류 할 수 있다.
① 하찮은 사소한 일
② 일상적이며 주기적인 일
③ 매우 중요하며 시간이 오래 걸리는 일

어떤 사람들은 중요한 일에 매달려서 하 찮은 일을 팽개치다 보면 늘 '저 친구는 속도가 늦어, 협조가 안돼' 하는 소리를 듣게 된다.

따라서 일은 하찮은 작은 일을 우선 처리하는 것이 바람직하다. 나에겐 하찮은 일일지라도 그 일의 협조를 받아야 하는 사람은 그것이 모여서 매우 중요한 일이 되기 때문이며 그렇게 되면 나는 협조도 잘하고 일 속도도 빠른 사람이 된다.

중요한 일의 경우는 대부분 윗 분이 시킨 일인 경우가 많은데 위에서도 시킬 때부터 그것은 어느 정도 시간이 걸릴 것이라는 것을 감안하고 지시하는 것이다.

3) 어떻게 해야 성공하나요?

신입사원이여! 성공하고 싶은가?

다음을 명심하고 일하라

첫째, 남과 달라야 한다.

업무능력에서 뛰어나던가, 업무의 방면이 다르던가?

남과 다르게 특별한 취미 또는 특기가 있던가 아니면 남보다 인사를 잘하던가 무엇이던지 남과 다른 것이 반드시 있어야 한다.

조직은 여러 가지 다양한 능력과 재질을 갖춘 사람을 데려다가 모자이크 혹은 톱니바퀴처럼 부품을 맞추어 하나의 종합체로 만드는 것이므로 남과 다른 것 없이 그저 그런 동일한 사람이어서는 뛰어날 수 없으며 그저 그런 사람이 될 것이며 크게 쓰임 받지도 못할 것이다.

두 번째는, 무엇을 하던지 한번 하기로 한 것은 끝까지 해야 한다.

세종대왕은 한번 자신이 심사숙고하여 결정한 것은 대신들이 반대하면 강제로 밀어붙이는 것이 아니라 자신의 의견을 모든 대신들이 이해할 때까지 끝까지 토론하고 협의를 벌였으며 이순신 장군은 익히 아는 것처럼 그 어려운 상황에서도 포기하지 않고 명량해전을 승리로 이끌었다.

예수는 그 어려운 상황에서도 인류를 구원하기 위하여 십자가에 못박힐 때 까지 최선을 다했다. 작은 좌절과 반대에 부딪쳐도 끝까지 해내는 자세가 중요하다.

세 번째는 희생과 배려이다.

예전에는 획일화된 교육과 군대문화로 인하여 복종적인

상명하복의 문화가 있어 개인에 대한 고려가 없었으며 오히려 소통이 필요 없는 일사 분란한 조직이 경쟁력을 갖추고 앞서 나갔으나 요즈음은 다양한 개성과 개인주의가 새로운 것으로 주목받고 인정받는 사회 분위기이다. 따라서 각자 자신의 일만 하고 전체를 위하거나 남의 사정을 봐주는 경우가 별로 없다.

따라서 남들로부터 괜찮은 사람이라는 이미지를 갖추려는 사람은 남들보다 조금만 희생하고 배려하면 된다. 아쉽게도 우리사회는 경제적인 면에서는 선진국이나 약자에 대한 배려, 남에 대한 배려에 있어서는 아직 부족한 부분이 많은 것이 사실이다. 특히나 다른 것과 틀린 것을 구분하여 대응하는 면이 부족하여 나와 다르면 모두 틀린 것으로 치부하여 적대시 하는 면이 많다. 그런 오해로 인하여 내 편, 네 편으로 나누고 갈등 요소를 없애지 못하여 조화롭게 지내지 못하는 아쉬운 면이 사회 곳곳에 많이 있다.

사회와 국가가 모든 것을 책임지려는 선진국으로 갈수록 사회적 약자에 대하여 시스템적으로 대응하게 되는 것이 합당하며 개인의 감정이나 동정에 기대어 약자를 배려하는 것은 한계가 있으므로 앞으로도 계속해서 그리 진행될 것이다.

이런 분위기에서 요즈음 세대와는 다르게 남을 위한 봉사나 희생을 한다면 한발 더 타인으로부터 인정 받는 사람이 될 것이다.

4. 워라벨

워라벨 최근에 와서 일과 삶의 균형(?) 워라벨을 강조한다. 우수한 인재들을 확보하고 전체 조직보다는 개인생활을 중시하고, 출세보다는 안정적으로 현재의 삶을 중시한다는 요즘 세대들에게 입맛에 맞추고, 그들 중에서 인재를 확보하기 위하여 워라벨을 강조하고 있다.

과연 맞는 말인지? 진짜 요즘 세대들은 일보다 직장에서의 성공보다 노는 것을 더 좋아하는지 모를 일이다.

자주 듣는 말 중에 3포 세대란 말이 있다. 연애포기, 결혼포기, 자녀 포기라고 한다. 돈이 부족하여 결혼할 엄두를 못내고, 연애할 시간이 없다는 말이다. 우리가 인생을 살면서 연애하는 목적은 무엇이고, 왜 결혼하며 자녀를 왜 낳는가? 우리의 미래 행복을 위해서다. 먹을 것이 없고 쓸 돈이 없는

데 어떻게 연애는 하나? 미래에 필요한 돈을 모으면서도 연애할 시간이 있으면 하는 것이다.

결혼은 왜 하는가? 현재 만나는 사람과 오래 같이 있고 싶고, 같이 살게 되면 지금보다 더 행복할 것 같다는 확신 또는 희망이 있어서 결혼하는 것이다. 자녀를 낳는 것 또한 마찬가지로 둘이 사는 것보다 자녀를 낳으면 더 행복할 것이라는 희망이 있어야 하며 자녀에게는 나보다 더 안락하고 행복한 삶을 만들어 줄 수 있다는 희망이 있어야 자녀를 낳으려 할 의지가 생기는 것이다.

이런 가운데 직장과 가정생활의 균형있는 워라벨이 중요하다고 말한다. 물론 일(직장)은 우리 삶의 일부인 것이지 우리의 삶 전체가 되어서는 안 된다. 우리 삶 속에 일이 있는 것이지 단지 일에 의해서 우리의 모든 삶이 좌우되어서는 안 된다.

1) 워라벨의 기준은 무엇인가?

일과 삶의 균형, 월요일부터 금요일까지 8시간씩 일하고 토요일, 일요일 쉬고, 꼭 필요한 만큼(월급 받는)만 일하며 그 돈으로 여가생활을 하고 여유로운 삶을 살면 그것이 워라벨인가?

반은 일하고 반은 놀면(직장일 안 하면) 그것이 워라벨인가? 아니면 최대한 일 안하고 쉬는 시간이 많고 연봉이 높으면 워라벨인가? 워라벨은 시간의 배분, 생활의 여유로만 얻어지는 것이 아니라 여러분 한 명 한 명의 마음속에 있다. 여러분 스스로 회사생활과 여가생활에 만족하면 그것이 워라벨이라 할 수 있을 것이다.

아무리 많은 시간을 일하고 집에 못 간다고 해도 그것이 여러분 자신의 미래가치를 높이고 그것에 대하여 보상받을 것이라는 (회사로부터 돈을 받던, 추후 승진으로 보상받던) 확신이 있다면 그리고 그것이 즐겁고 여러분이 수용할 수 있다면 그것이 바로 워라벨인 것이다.

반대로 아무리 일을 적게 하고 쉬는 시간이 많다고 그저 무의미하게 시간을 보내고 노는 것이며 미래에 대한 확신이 없다면 그것은 워라벨이 아니라 여러분 자신의 존재가치가 무의미 한 것이다. 워라벨, 회사나 직장에서 다른 누군가에게 요구 하지 말고 여러분 스스로 만들고 여러분 스스로 삶의 균형을 만들 생각을 하라.

물론 최근의 모든 대부분의 회사는 전처럼 무조건적이며 일방적인 희생을 강요하진 않는다.

사례 3. 외국계 회사

20년 전 한 친구가 한국 회사는 싫다면서 외국계 회사로 이직을 하였다. 이직의 이유는 한국 회사는 권위적이면서 끊임없이 일을 많이 시킨다는 것이었다. 그 친구가 이직한 후 1년여 지나서 만날 기회가 있었다.
"전에 다니던 한국 회사보다 훨씬 더 힘들다. 매일 매일 업무일지를 써야 하고, 쉬는 날은 많지만 출근하는 날은 거의 8시간을 Full로 일한다. 담배 한 대 피울 시간도 없다. 주 단위로 매번 실적을 평가하고 그것을 급료에 반영한다. 그러다 보니 아쉽게도 인간적인 면이 없고 일하는 기계 같다."

우리 한국 문화는 8시간 일하면 거의 4시간 정도(그것도 많이 생각해 주어서)만 일에 집중한다. 나머지 시간에는 그저 여유를 가지면서 시간을 보내는 것이 지금까지의 일상이었다. 최근 코로나 팬데믹으로 재택근무를 하면서 처음 할 때는 편한 것 같았으나 출근 안 하고 집에서 컴퓨터 만으로 일을 하므로 컴퓨터 접속 시간이 업무시간으로 체크되므로 오히려 자유 시간이 부족해졌다는 말이 많다.

앞으로 재택 근무 방식도 많이 개선되어야 할 부분이 있을 것이다.

신입사원인 당신이 회사에 입사 한 것은 여러분 스스로 결정하여 선택한 것이다. 당연히 사전에 선택할 회사의 비전과 기업문화 등을 고려하였을 것이다. 여러분 자신의 미래가치 향상을 위하여 업무를 익히면서 스스로 여러분 자신만의 워라벨을 정의하고, 여러분 자신의 워라벨을 추구하라.

2) 여가 시간에 무엇을 할 것인가?

인간은 세 가지를 가지고 산다. 뜬금없는 말처럼 들리겠지만 정신, 신체, 그리고 시간(time, 삶의 영위). 정신이 건전하고 몸이 건강한 상태에서 시간을 보내는 것이 우리의 삶이다. 따라서 이 세 가지에 대해서 자기 나름의 끊임없는 건전한 유지를 위한 노력이 필요한 것이다.

육체를 위해서, 건강을 위해서는 무엇을 할 것인가? 무엇을 하면서 시간을 보낼 것인가? 어떤 목적으로, 또 정신을 위해서는 무엇을 할 것인가?

첫째, 건강한 육체를 유지하기 위해서는 굳이 여기서 언급할 것도 없이 수많은 정보를 통해서 알 수 있을 것이다. 음식을 잘 먹고 적당한 운동을 한다면 큰 문제는 없을 것이다.

흔히 문제가 되는 술, 담배에 대해서만 얘기해보고자 한다.
술, 담배는 당연히 자제하는 것이 좋다.

술, 담배 모두 안 한다면 1등,
술 안 하고 담배 피우면 2등,
술 하고 담배 안 하면 3등,
술 담배 모두 하면 4등이다.

여러분은 의아할 것이다. 술 안 하고 담배 피우는 것이 2등이고 술 하는 것이 왜 3등일까? 술은 사교를 위해서도 필요하고 담배는 건강에 더 나쁜 것인데, 술은 적당히 마시면 약이 되기도 하고 사회생활을 하면서 사람을 만나려면 한두 잔 정도는 필요하다고들 말하는데, 여기서 일반적인 견해와는 좀 다른 생각을 해본다.

담배는 물론 남에게 불쾌감을 주고 본인의 건강에도 나쁜 것이 자명한 사실이다. 반면에 술은 적당히 마시면 몸에도 괜찮고 술을 마시는 예법이 있을 정도로 사회생활에서 어느 정도의 의미를 지니고 있다.

담배는 화재를 제외하고는 큰 무리를 일으킨 가능성이

적지만 반면에 술은 큰 사고를 칠 가능성이 크다. 음주운전, 술 먹고 취한 상태에서의 실수, 술 먹은 상태에서 자신도 모르는 상태에서의 비밀누설, 술 취한 상태에서의 과도한 접대를 받는다든지 하는 등 본인도 모르게 하는 실수가 있을 수 있다. 이로 인해 자신의 현재를 한 순간에 망치거나 말 실수 하나로 평소에 쌓아둔 것이 모두 허물어져 버리며 미래까지 망쳐버리곤 한다. 동시에 미래가치 향상에 대한 희망이 날라가게 되는 것이다.

건강한 육체를 유지하기 위해서는 적당히 먹고, 자신을 절제 할 수 있다면 해로운 일이 없겠으나, 그것에 자신이 없다면 아예 마시지 않는 것이 좋다. 사교나 흥을 돋우는 데에는 조금 손해가 있을 지도 모르지만, 한번 술을 안 먹는다고 인식되면 자연스럽게 그 문제는 해결된다. 또한 최근에는 회식보다는 다른 모임이나 SNS등을 통해서 많은 교제가 되는 분위기 이므로 더 더욱 큰 문제는 아니라고 할 수 있다.

어쩔 수 없이 술을 마셔야 한다면 유의할 것이 있다. 술을 마시게 되면 소위 말하는 2차,3차를 가는 경우가 많은데 이는 자신의 몸도 안 좋게 하고, 서로를 위해 시작한 것이 오히려 해가 될 가능성이 큰 상황이 되는 때가 많다. 술을 먹더라도 2차는 가지 않는 것이 좋다. 2차를 가게 되면 더욱 취하게 되어 다음날 생활에 영향을 주게 되고 과음하게 되며 자신의 행동에 실수할 가능성이 커지며 혹시 기분이 내켜 돈을 내더라도 아무도 고맙게 생각하지 않으니 아까운 돈만 낭비하게 되는 것이다. 다음날 아픈 머리를 만지며 누구 때문에 술을 많이 먹었다는 둥 원망 아닌 원망을 할 뿐이다.

안 할 수 없다면 술은 적당히 2차, 3차는 자제하고 담배는 최대한 참을 수 있으면 참는 것이 좋으며 남에게 불쾌감을 주지 않도록 냄새를 최소화하고 스트레스 해소에 필요한 정도만 하는 것이 그나마 술도 하고 담배도 하는 4등에게 유용한 방법이다.

육체를 위한 운동을 언제 할 것인가? 운동을 좋아해서 규칙적으로 하는 운동이 있는 사람은 별도로 언급할 필요가 없다. 그러나 운동을 별로 좋아하지 않거나 습관화 되지 않는 사람은 하루에 회사에서 별도로 자기자신을 위한 시간을 하루 30분 정도, 가능한 점심 시간 전 30분 혹은 점심 식사 후 30분 정도 확보하여 산책 정도라도 하는 것이 좋다.

둘째, 정신을 위해서는 무엇을 할 것인가?

정신이 건전해야 육체도 건강하게 유지할 수 있다. 육체가 건강하고 활기차야 정신도 스트레스를 덜 받게 된다. 정신건강을 유지하기 위해 꼭 워라벨과 별도의 시간을 내야만 가능한 것은 아니다. 물론 여행 등을 통하여 별도의 힐링 시간을 갖는 것이 가장 효과적이겠지만 여러가지 여건상 쉬운 일은 아니다.

정신의 건강을 유지하고 본인의 정신상의 여유로움을 위해서는 가장 효과적인 것 중의 하나가 독서이다. 어떤 책을 읽느냐에 상관없이 말이다. 철학서를 읽던 종교서적을 읽던 자신의 업무와 관계된 책이라 할지라도 독서는 지식을 채워주는 동시에 건전한 사고를 할 수 있도록 해준다.

꼭 독서가 아니더라도 종교생활을 한다던 지 음악을 듣는다 던지, 자신만의 취미를 갖는 다던지 해서 정신세계에 양분을 지속적으로 공급해주는 것이 좋다. 그리하여 건강한 육체와 더불어 건전한 정신을 갖고 생활 하므로서 여러분의 미래가치 향상을 위한 생활이 기본기를 갖출 수 있게 되는 것이다.

3) 독서를 언제합니까? 업무와 생활로 바쁜데

독서는 취미가 아니라 의무이다. (Reading is not

hobby but duty)필자는 골프라는 운동을 그다지 즐기지는 않는다. 왜냐하면 늘 필드에 나갈 때 마다 준비하는 과정이 번거롭고 귀찮기 때문이다. 여러 가지 준비하는 과정인 동반자를 편성하고 약속시간을 정하고 옷을 챙기고 골프채를 챙기는 과정이 번거롭고 필드까지 가는 운전도 귀찮다.

필드에 도착하여 첫 홀에 들어서면 '18홀을 언제 다 치나' 하는 생각이 들고 한 홀 경기가 끝나면 '18분의 1이 끝났군, 9분의 1이 끝났네'하면서 진행하다 보면 어느새 마지막 홀에 들어선다. 그러나 '마지막 홀'에선 아쉬워하면서 마음껏 스윙을 하게 되고 혹여나 이 스윙이 잘되어서 공이 잘 맞으면 '다음에 또 와야지'하면서 아쉬워 한다.

인생도 비슷한 면이 있다. 살아가면서 지난 날을 돌이켜 보면 잘한 것 보다는 모든 일이 그렇듯 아쉬운 부분이 더 많은 것이 사실이다.

골프에서 마지막 홀에 잘 치게 되면 '또 오세요 샷'을 했다고 한다. 잘했으나 아쉬우니 다음 번에 와서 더 잘 치라는 의미이다. 골프는 아쉬우면 또 치러올 수 있지만 인생은 그럴 수 없다. 살아보고 나서 후회나 아쉬운 것이 있다고 해서 다시 살 수는 없는 것 아닌가?

그래서 인생은 부모들의 삶을 통해서나 선인들의 경험에서 많은 것을 배워서 이를 교훈 삼아 하루 하루를 헛되이 살지 않도록 노력하는 것이다. 인생을 직접 경험해서 먼저 살아보는 테스트를 할 수는 없고 간접경험을 통해서 그 교훈을 얻을 수 밖에 없는데 가장 좋은 방법이 여행을 하거나 직접 어떤 일을 경험해 보는 것인데 이는 여러 여건상 어려우니 그 다음에 우리가 할 수 있는 유용한 방법이 독서이다.

우리민족의 영웅 안중근 의사[2]는 "하루라도 책을 읽지 않으면 입에 가시가 돋는다."라고 했다.

세종 대왕[3]은 책을 묶은 가죽 끈이 헤어져 끊어질 때 까지 읽었다고 한다.

---

2 안중근(1879~1910) : 구한말의 독립운동가로 삼흥학교 설립 등 인재양성에 힘썼으며 만주 하얼빈에서 일제 침략의 원흉 이토오히로부미를 사살하고 뤼순감옥에서 순국하였다. 건국훈장 대한민국장 추서(1962)

3 세종대왕(1397~1450년) : 조선4대 임금으로 이름은 도이며 아버지는 태종 이방원이며 어머니는 원경왕후 민씨의 셋째아들, 1418년 왕위에 오르고 훈민정음을 창제 반포하고 조선의 모든 정치와 문물제도를 정리하고 체재를 확립하였다. 조선의 모든 제도의 완성을 이루어 국태 민안 문화 찬란의 황금 시대를 이루었다는 찬사를 받는다.

독서는 취미가 아니라 우리 인생의 우리 생활의 일부가 되어야 한다. 그럼 어떻게 하면 좀 더 쉽게 책을 접하고, 읽는 습관을 갖을 수 있을까? 책을 읽기 위하여 특별히 별도의 시간을 내거나 목표를 정해서는 이를 습관화 하기가 쉽지 않다.

책을 읽고 무언가를 얻으려는 의도로 책을 접할 것이 아니라 우선, 언제든지 책을 접할 수 있도록 자기 주변 환경을 조성해야 한다. 업무를 보는 책상에 책을 두고 가끔 시간 날 때 펼쳐보고, 잠자는 침대에도 책을 두고 운전하는 차에도 책을 두고 정신을 집중해서 책을 읽기보다는 수시로 책을 접할 수 있도록 하는 것이다.

자동차에 두는 책은 그저 한 문장만 읽어도 되는 내용의 가벼운 책, 침대에는 보다가 그저 졸리면 잠을 잘 수 있는 책(너무 재미있는 책은 안 된다. 잠이 깨니까), 화장실에는 한 문단 정도만 읽어도 의미를 느낄 수 있는 책 등을 둔다면 더욱 쉽게 책과 친하게 지낼 수 있게 된다.

두 번째는 책을 읽는 방식이다.
여기서는 업무를 위한 책이나 시험을 위한 책 등 정독을 해야 하는 경우는 제외하고 말한다. 정독을 하고 무언가를 얻기 위해 책을 읽는 것은 일(work)이며 공부(Study)이지 독서가 아니다.

① 책을 읽을 때 언제까지 다 읽는다.
② 책을 읽을 때 반드시 처음부터 본다.
③ 책을 한번 잡으면 끝까지 읽어야 한다.
④ 책을 읽다가 앞의 내용을 모르면 앞쪽을 다시 읽어야 한다.

이러한 규칙이나 생각을 갖으면 독서가 일이 되고 책과 친해지기 어렵다. 책을 읽다가 재미없거나 지루하다면 그냥 던져두었다가 나중에 다시 읽으면 된다. 처음부터 보지 않고 재밌다고 생각되거나 차례를 보고 흥미있어 보이는 부분부터 보아도 전혀 문제가 없다. 마치 일일드라마를 중간부터 보거나 짧은 웹툰이나 유튜브 동영상을 보는 것처럼 말이다. 재미가 없어 던져 두었던 책이 어느 순간에는 재밌어지기도 하고 아무 의미가 없는 책이었던 것 같은데 시일이 지나 어느 때는 다시 보면 정말 흥미 있고 의미가 달라지는 경우도 많다. 또 어떤 책은 한번 읽었을 때는 별로 였는 데 나중에 읽어보니 그 의미가 더욱 커지는 경우도 있다.

항상 손에서 휴대폰을 놓지 않듯이 책을 갖고 있거나 아니 내 주위에 책이 있게 하면 자연스럽게 읽게 되고 그 잠깐 잠깐의 독서가 마음의 소양이 되며 정신을 업그레이드 (Upgrade)시켜주며 정신세계가 풍요러워지면서 이는 결국 여러분의 미래가치를 높이는 경쟁력이 될 것이다.

자신의 정신에 대한 훈련과 영양분주기, 자신의 육체에 대한 건강유지를 위한 노력 그리고 자신이 좋아하는 일에 열정을 갖고 최선을 다하는 삶. 이 세 가지가 톱니바퀴처럼 물려서 잘 돌아 갈때 그것이 워라벨이며 여러분의 소중한 미래 행복의 자양분이 될 것이다.

3부

업무방법

무엇을?
어떻게?
어느 것 부터 할 것인가?

업무방법

어떤 일을 할 것인가?
어떻게 할 것인가?
업무의 방법 아무도 가르쳐 주지 않고 프로그램이 있는 것도 아니고
학원을 갈 수도 없기때문이다.(요새는 회사 업무코칭하는 학원도 있다는
소리를 얼핏 들은 듯 하기도 하다.)

1. 일일 업무 일지를 써라

    요즈음은 회사들마다 보고서도 줄이고 업무일지도 쓰지 않는 분위기인 것은 안다. 좀 더 자유스러운 분위기에서 소통하고 창의력을 키우기 위해 정해진 형식에 의한 의무적인

단순 보고용 업무일지를 쓰지 않는 것은 좋은 문화라고 생각한다. 그러나 자신의 하루 업무를 효율적으로 하기 위해서는 꼭 위에 보고하기 위한 남에게 보여주기 위한 보고서는 아닐지라도 자신의 일일 업무 일지를 쓰는 것이 좋다.

일일 업무일지를 쓰는 것으로, 앞서서도 이야기 했지만 가능한,-최소한 남보다 30분 정도 일찍 출근하여 어제의 업무를 다시 되새기고 오늘의 하루의 업무를 효율적으로 할 수 있다. 출근하지 않는 재택근무의 경우도 마찬가지이다. 그리고 퇴근 전에 다시 한번 업무일지를 체크해두면 깨끗한 머리로 퇴근하고 저녁시간도 본인을 위해서 잘 활용 할 수 있다.

일일 업무일지를 쓰면 좋은 점은 또 하나 있다. 일일 업무일지를 쓰게 되면 다른 사람이, 대개가 윗사람일 경우가 많겠지만 어떤 특정 아이템의 진행 상황 등에 대해서 질문을 하거나 보고를 요청할 경우 30분 이내에 답을 하고 보고 할 수 있게 된다. 이는 타인이 볼 때 '아! 저 친구는 자기 업무를 잘 진행하고 있고 자신의 일을 늘 챙기는 능력 있고 성실한 준비가 되어 있는 친구다' 라는 이미지를 주어 여러분의 미래가치를 높이는 것이 될 것이다. 진행되고 있는 아이템에서 이에 대한 질문을 받을 경우 30분내에 대답하지 못한다면 나는 '아, 이 조직, 이 업무에서는 맞지 않는다'고 판단하는 것이 큰 오류는 아닐 것이다. 그와 더불어 위로부터 어떤 아이템에 대하여 업무지시를 받았을 때 바로 그 순간 '어떤 방법으로 하면 되겠다' 하는 것이 머리 속에 바로 떠오르지 않으면 이 또한 위와 같이 생각하는 것이 큰 오류는 아닐 것이다.

2. 어떤 업무를 해야 하나?

늘 항상 세 가지의 일을 하라. 세 가지 일이란 무엇인가?
첫째는 일상적인 업무이다.
그 예는 제품을 만드는 공장에 근무 한다면 매일매일 생산 등 실적이 있을 것이며, 판매에 근무하는 경우는 매일의 실적이 있을 것이고, 구매 파트 역시 매일의 실적이 있을 것이다. 여타 다른 기획이나 지원 등에 근무할 경우도 매일매일의 실적이 있을 것이며 이러한 것들을 정리하고 문제점을 체크하는 것이 일상업무가 될 것이다. 이러한 과정을 통하여 좀 더 상위로 갈 수 있는 다른 가치 있는 업무를 발굴해 낼 수가 있는 것으로 업무의 기본이라 할 수 있다.

두 번째는, 조직에서 시킨 일, 지시한 일이다.

대부분의 경우 상사가 지시한 일이 될 것이다. 이는 거론하지 않아도, 아무리 능력이 없는 사람일지라도 지시 받은 일에 대해서는 당연히 중요한 것이라 할 것이다. 학교로 치면 선생님이 내 준 숙제나 시험공부 같은 것이다. 그 조직에 몸 담고 있는 한 당연히 수행해야 할 의무적인 것이므로 따로 언급할 필요가 없다 하겠다.

세번째로는, 자기 스스로 개발하고 발굴한 업무를 해야 한다.

이는 첫 번째와 두 번째를 바탕으로 하여 성실히 수행하면 발굴 할 수 있는 아이템이 되겠다. 학교로 치면 커리큘럼대로 진행되어지는 교과목 진도 및 일정과는 다르게 자신의 실력을 좀 더 키우기 위하여 방과 후에 학원을 가거나 과외를 받는 경우와 비견된다고 할 수 있다. 스스로 조직을 위하여 새로운 아이템을 발굴하고 필요하다고 판단되면 이를 상부에 보고하여 채택될 경우 업무를 수행하여 소기의 성과를 달성 할 수 있을 것이다. 설령 상부에서 나의 아이템을 선택하지 않더라도 그것이 자신이 생각하여 유효하다면 이를 지니고 있다가 자신이 그것을 결정할 수 있는 위치에 올라갔을 경우 실행하여 조직에 이익을 주면 자신의 미래가치가 커지는 것이다.

이 세 가지 종류의 업무를 구분하여 일일 업무일지에 첨언하고 정리하여 관리한다면 좀 더 효율적으로 당신의 업무를 진행할 수 있을 것이다.

3. 업무를 수행함에 있어 어떤 태도로 임할 것인가?

업무를 수행하는 자세, 회사생활을 하는 데서는 세 가지의 자세가 필요하다 바로 3S이다. Speed, Stewardship, Study이다.

[Speed]

말 그대로 속도이다. 누구도 일을 지시하면서 천천히 해도 괜찮다고 하는 사람은 없다. 물론 기다려줄 수는 있지만 천천히 해도 된다고 생각하는 사람은 없다.

빨리 한다고 해서 내용이 부실하거나 형식이 맞지 않거

나 해서는 안 된다. 당연히 내용이 틀려서도 안 된다. 간혹 스피드를 위해서 내용이 부실하거나 틀린 것이 있으면 '이 친구가 나를 무시하나? 혹은 이 일이 중요하지 않다고 생각하나?'라고 생각하기 쉽다.

speed 하게 업무를 처리하기 위해서는 업무의 내용을 잘 파악하고 있어야 하며 업무지시자의 의도와 목적을 잘 파악하여야만 한다. 그러기 위해서는 앞서 말한 일일 업무일지와 일상업무에 대한 충실함이 있어야 하고 자기 업무에 대하여 평소에 정보를 충분히 갖고 있어야만 한다. 그리고 업무지시를 받을 때 자신이 할 방향을 생각하고 업무지시자의 의도를 필요하다면 용기를 내서 물어보아서 사전에 준비를 철저히 하여 업무를 처리하거나 보고서를 만들어야 하는 것이다.

[Stewardship]

주인정신이다. 소위 말하는 우리 말로 집사라고 할 수 있다. steward가 말이다. 우리말로 하면 집사 정신, 주인의식이라고 할까? 즉 회사가 내것이다. 회사 일이 내 일이라는 자세가 필요하다. 물론 회사에 따라서는 직원을 부려먹기만 하고 보상을 하지 않는 경우가 있지만 그것은 여기서 다룰 부분은 아닌 것 같다.

우리가 어떤 업무를 맡게 되었을 때, 매번 이 일을 했을 때 나에게 얼마나 보상이 오고 월급만큼만 일하겠다고 생각하면서 일하는 것은 아니지만 늘, 항상 업무를 대하는 태도에 있어서 회사업무를 나 자신의 일이며 내 사업이라고 생각하는 자세와 정신이 필요하다. 그래야지만 업무에 열정을 다할 수 있고 일을 성공 시킬 수 있는 것이다.

다만, 중요한 것은 내가 주인의식을 갖고 일을 하되 주인행세를 해서는 안 된다. 섣부르게 생각해서 자신의 위치가 마치 주주나 오너인 것처럼 착각하거나 자신의 현 위치가 천년 만년 갈 것처럼 착각 하여 소위 말하는 갑질을 하는 경우가 있는데 회사에서의 위치, 체계, 조직의 상하는 업무를 효율적으로 하고 회사를 지탱하기 위한 것이지, 그 자리에 있는 사람에게 모든 권력을 준 것이 아닌데 마치 군대나 폭력조직의 위치와 혼돈하는 이들이 있는데 이는 반드시 경계해야 하며 주인 행세는 주인의식과는 전혀 다른 태도이며 인식의 오류인 것이다.

주인행세를 하려는 것이 목표인 사람은 나와서 개인사업을 하여보면 주인조차도 실제는 주인이라 해서 마음대로 할 수 있는 것이 별로 없다는 것을 알게 될 것이다.

[Study]

공부이다. 우리는 왜 공부하는가? 당연하다 좀 더 나은 미래를 위해, 나의 미래가치를 높이기 위해서 공부하는 것이다.

회사의 성장이 곧 나의 성장이라는 전제 하에 자신의 실력을 키우는 공부를 해야할 것이고 단지 자신의 지식, 능력을 높이는 학습뿐만이 아니라 회사의 업무를 개선하기 위한 공부가 우선 중요하다. 단순히 업무를 반복적으로 처리 하는 것이 아니다. 좀 더 업무를 효율적으로 하는 방법이 없는지 연구하고 새로운 아이템을 창출하고 현재의 시스템을 개선하는 것이 study인 것이다, 그리하여 회사의 가치를 높이는 동시에 나의 실력을 갖추어야 하는 것이다.

"아니 공부를 언제해요?"

개인 자신을 위한 공부를 언제 할 것인가? 하고 질문하는 직원들을 보면 가끔은 안타까운 생각이 든다. 거기에 답하기를 '여러분도 이 회사에 들어오기 위해 얼마나 노력을 많이 했습니까? 그 치열한 경쟁을 뚫기 위해서 그런데 왜 입사만 하면 일이 많아서, 여건이 안 되어서라고 자기 자신과 타협하면서 공부를 안 합니까? 입사는 인생 PART 2의 시작이고 앞으로 최소 20~30년을 지낼 것이고, 또한 인생 PART 3를 준비해야 하는 중요한 시기인 데 왜 공부하지 않나요?'

필자가 처음 멘토로 만난 부서장은 내게 말하길 책을 많이 보라면서 책을 사주고 나도 직원들에게 그리했다. 그러면서 매일 점심시간 전 30분은 자신을 위한 시간으로 배정해 두고 책을 보던지, 운동을 하던지 자기 자신을 위한 시간으로 활용하라고 얘기했다.

여러분 자신을 위하여서 혹은 업무개선을 위해 하루 30분의 시간을 계속해서 투자 한다면 10년후 20년후 여러분의 회사와 여러분의 가치는 매우 달라져있을 것이다. 그저 남는 시간에 유튜브를 보거나, TV를 보는 시간은 너무 아깝다. 특히 필자는 지방에 있는 회사에 근무했는데 후배 직원들을 보면 퇴근 후에 할 일이 없다면서 그저 TV를 보거나 유튜브 등을 보면서 시간을 소위 죽이는 것을 보면 참으로 안타까웠다.

어차피 지방에서 대도시에 비하여 많은 여유가 있는데 왜 자기 계발이나 여타의 자신만을 위한 일을 하지 않고 시간을 낭비하는지. 업무를 잘하고 업무시간에 집중하는 것이 물론 매우 중요하지만 여유시간들에 자신의 능력 향상을 위해 시간을 할애하는 것을 직장인의 의무라 할 수 있다.

4. 보고서는 어떻게 쓸 것인가?

- 보고서는 어떻게 쓸 것인가?
  이것 역시 업무의 성격에 따라 달라진다.
- 내가 스스로 어떤 의도를 갖고 하는가?
- 지시에 의한 보고서인가?
- 일상업무에 대한 보고서인가에 따라 달라진다

먼저 스스로 study(개선)하고자 하는 보고서는 설득력이 가장 중요하므로 간단 명료하면서도 서술식으로 하여 보고를 받는 사람이 이해가 쉽도록 하는 것이 좋다. 이때에는 상대의 수준을 배려하여야 한다. 상사라고 해서 나보다 항상 지식이 더 많거나 유능한 것은 아니기 때문이다. 여기서 잠깐 본론에서 벗어나서 이야기하면 상사들의 Type에 대해서 한번 생각해보자

1) 상사의 업무 Type
상사는 ABC세 가지 Type이 있다.

A Type.
나보다 유능하며 항상 부하를 배려하고 부하를 기다려주는 Type으로서 이런 사람을 만났다면 당신은 행운아이다. 거기에다 나중에 다시 얘기 하겠지만 당신도 A Type이라면 이건 정말 금상첨화이다.

B Type.
항상 지시만 하고 Follow Up이 없으나 그저 무난한 정도로 책임을 질 줄 아는 상사로 이런 상사에게는 늘 당신이 거꾸로 상사를 배려해주어야 하며 나름대로 무난한 상사이다. 대부분의 상사가 여기에 속한다. 이런 상사에게는 자주 보고하고 자주 대화하면서 오히려 부하가 상사의 사기를 불어 넣어 주어야 한다.

C Type.
정말 당신이 이런 상사를 만났다면 최대한 빨리 벗어나

야 하며 당신은 마음의 각오를 단단히 하여야 한다. 게다가 이런 Type의 상사는 자존심만 세서 부하의 말을 듣지 않고 평소에 업무가 아니라, 행동에 대한 지적이 많으며 남을 배려 할 줄 모르고 부하를 육성할 생각조차 하지 않는다. 이런 상사와는 스스로 개선할 아이템의 보고 보다는 일상 업무에 대한 보고, 지시 받은 업무에 대한 보고만 하는 것이 좋다.

자, 다시 본론으로 돌아가서 어떤 보고서를 만들 것인가? 내가 스스로 찾은 개선보고서는 설득력도 갖추어야 하고 거기에는 반드시 실행계획과 자신이 책임진다는 것을 나타내도록 해야 하며 예상되는 효과가 분명해야만 한다 그래야 그 일을 승인 받을 수 있고 진행이 가능하다.

두 번째 일상적인 업무에 대한 보고서는 늘 항상 보일 것을 나타내고 특이한 부분과 문제가 나타나면 이를 명확히 나타낼 수 있도록 한다.

세번째 지시에 의한 보고서는 반드시 지시한 자가 좋아하는 Format(형식)과 보고서 양식에 대해 배려하여야 하며 만드는 과정에 중간보고는 빠뜨려서는 안 된다. 보고서는 결론부터 나오게 할 것인지 아니면 현황을 나타내고 결론을 나중에 표시할 지에 대하여 최종보고를 받는 사람의 Type을 고려 하여야 한다.

최종보고자가 어떤 Type의 상사인가?
최종보고자의 전공은 무엇인가?
최종보고자의 이해도 수준은 어느 정도인가?
등을 고려하여 보고서의 양식을 서술형으로 할지 그림을 많이 넣을지 어휘를 쉽게 할지 아니면 연구 논문을 인용할지 아니면 Action plan을 제대로 할지 고려하여야 한다.

사례 4. 상사 둘이 서로 다른 보고서를 요구할 경우

너 실장 : 나 팀장은 왜 맨날 보고서를 어렵게 Table 형식으로 만드나?
우리 본부장 : 나 팀장 보고서가 무슨 소설이야. 서술식은 정신이 없어.
팀장으로 근무할 당시 위 두분 상사의 좋아하는 보고서의

> 스타일이 달라 매번 작성 후 보고하게 되면 실장을 통과하면 본부장에게 재 지시를 받고, 본부장 스타일로 만들면 매번 실장이 고치는 경우를 겪었다. 당연히 보고서는 최종결재권자의 스타일에 맞추는 게 배워온 것이지만 참으로 곤란한 상황에 처하는 때가 자주 생겨 스트레스를 받았다. 본부장 스타일로 해서 실장이 고치려고 하면 "실장님, 본부장님이 이렇게 해오라고 하셨다."하면 실장은 결재를 하면서도 안 좋은 표정을 하곤 했다. 여러 번 겪은 후에는 실장, 본부장 두분 모두에게 결재를 받아야만 할 경우는 결재를 받는 표지는 동일하게 한 장으로 하고 안의 내용은 동일하되 실장에게 갈 때는 서술형 위주로 작성한 것을 보여 주고 결재를 받은 후 본부장에게 갈 때는 Table위주의 보고서를 별도로 추가하여 가지고 가서 결재를 받았다. 물론 향후 문제가 없도록 두 개 서류를 모두 보관 했다.

위 사례에서 보듯이 서로 다른 상사를 모셔야 하는 경우에는 각자의 스타일에 맞는 보고서를 만드는 것도 어쩌면 하나의 요령일 수 있다. 다만, 아주 예외적인 경우이며 가능한 보고서를 만들면서 중간보고를 하여 서로 다른 의견이 나오지 않도록 해야 한다.

5. 회의에 어떻게 참여할 것인가?

단순보고서용 회의가 아닌 의견을 내야하는 회의에 참석했을 때 어떻게 하여야 자신의 이미지를 관리하고 자신의 의견을 관철시킬 것인가?

사례 5. 회의 참여

어느 날 현장(필자는 공장에 근무하는 부서장으로서 현장순찰이 잦았다)을 순찰하고 연구소와의 회의에 참석하기 위하여 사무실로 돌아오는 중에 사무실 앞에서 몇 명이 서서 진지하게 이야기를 하고 있었다.
얼핏 들으니 잠시 후에 열릴 회의에 대하여 연구소 팀장이 팀원들에게 회의 때 너는 이렇게 말하고 또 다른 너는 이렇게 말하라고 지시하면서 어떤 부분은 말하지 말라 는등 회의에서의 행동지침에 대하여 이야기하고 있었다.

사례 6. 고위층과의 회의

높은 사람을 모시고 방향을 정하는 회의를 하기위해서는 며칠 전부터 회의자료를 만들고 자신들의 의견을 다듬고, 사전회의를 실시하고 회의시의 주요 내용에 대하여 모의 회의를 실시하기도 한다.

앞에서 예를 든 두가지의 사례를 보면 실제 각 사람들의 의견을 들으려 하는 회의에서는 얻을 수 있는 것이 별로 없게 만드는 행위라고 볼 수 있지만 회의를 주재하는 자의 그 스타일에 따라서는 필요한 부분이라 할 수 있다. 그 회의의 형식과 회의의 아젠다에 따라서 어찌할지 또한 참가자 본인이 어떤 위치에 있느냐에 따라서 그 방향을 정할 수 있을 것이다.

단순한 업무보고가 아닌 무엇을 결정하는 회의자료나 발표할 자료 없이 자유롭게 토론하는 회의에서의 회의자세는 어때야 할까?

'먼잘비욕줄책'

A. 먼저 말하지 말라

B. 잘난 척하지 말아라

C. 비판하지 말라

D. 욕(흥분)을 하지 말아라

E. 말을 줄여라

D. 말을 했으면 책임을 져라

먼저 말하지 말라

회의에서 가장 유의하고 신경 쓸 것은 말을 하는 것보다 듣는 것이다. 흔히들 말하긴 귀가 두개이고 입이 하나인 것은 말을 적게 하고 듣기를 두배로 해야 하기 때문이라고 하는데 이 이야기는 매우 의미 있는 것이라고 할 수 있다.

다만 자신이 회의를 주관하고 발표할 경우에는 먼저 말을 할 수 밖에 없으나 그 때에도 회의의 목적과 아젠다만을 얘기하고 가능한 듣기만 하는 것이 중요하다. 다른 어떤 능력이 부족하고 남의 얘기를 잘 듣는 경청능력만 있어도 높은 자리에 오르는데 큰 어려움이 없을 수 있다. 다만 듣기만 하고 자신의 결정이 없거나 결정해야 할 시기에 결정하지 못하는 혹은 하지 않는 우유부단이 있어서는 곤란하다.

잘난 척하지 말아라

회의를 하다 보면 간혹 자신이 남보다 유능하고 많이 아는 것을 나타내고, 자신의 논리 만으로 남을 설득하려는 사람들이 있는데 누가 자신이 더 잘났다고 떠드는 사람을 잘났다고 인정할 것이며 논리로 해서 설령 자신이 맞다고 해도 이를 듣고 가만히 있을지언정 패배를 인정할 사람이 있을까? 다만 침묵하면서 속으로 욕을 하면서 나의 적이 될 뿐이다.

비판하지 마라

회의 때마다 상대가 틀릴 경우 조목조목 맞는 말을 하면서 틀린 점을 지적하는 경우가 있는데 삼가할 일이다. 틀린 부분이 있으면 나 아니라도 누군가가 틀린 것을 지적하는 사람이 있을 것이며, 지적하는 사람, 비판하는 사람간에 서로 적이 될 뿐이니 그저 보면서 지켜보는 것이 최선의 길이며 내가 나서서 그 방패가 될 이유는 없다. 꼭 필요하다면 회의가 끝난 후 별도로 조용히 찾아가서 말하는 것이 좋다. 그럼 아마 상대도 당신을 존중하고 오히려 앞으로 당신의 친구가 될 것이다.

흥분(욕)하지 마라

논리를 따지고 잘난 척하고 상대를 무시하다 보면 이것이 먹혀 들지않거나 상대가 반대할 경우 흥분하게 되는데 흥분하면 지는 것이고 결국 자기가 낮아지는 것이며 다음 번에 발언한 기회를 잃게 되고 다른 협조를 받기가 어려워진다.

말을 아껴라

당신 말고도 말할 사람은 많다. 당신이 가만 있으면 누군가 말한다. 자신 없다면, 당신 편이 적다면 침묵하라.

말을 했으면 책임을 져라

자신이 의견을 제시했으면 거기에 대한 타당성을 자신이 책임져야 하며 만약 자신의 의견이 채택된다면 결국 그 일의 향후 계획인 Action plan등에 대해서 자신이 수립해야하며 그것이 이루어졌을 때에도 그 결과에 대해서도 책임을 져야 한다.

6. 의사를 결정할 때의 고려사항

부하직원이나 현장직원 또는 고객 등에게 어떤 것을 해달라는 요청을 받았을 때에 어떻게 대응할 것인가? 회사의 규정에 나와 있거나 사례가 있으면 간단한데 그런 경우가 아니고 처음 마주하는 경우 어떻게 할 것인가? 결정하는 방법은 무엇인가?

이 경우에는 먼저 해당 아이템이 다음의 어느 것에 해당하는지 생각해보아야 한다.

내가 해결 할 수 있는 것인가?
위에 보고할 사항인가?
아무리 생각해보아도 안 될 사항인가?

내가 해결 할 수 있는 것인가? 의 경우라고 판단된다면 만약 부장님이면 어떻게 하실까? 나의 멘토라면 어떻게 할 것인지 생각해보면 답이 나온다. 거기에서 생각나는 대로 판단하여 Yes, No의 답변을 하되 무조건 ok하는 것이 아니라 제안한 자가 같이 해결한다는 생각을 하고 답해야 한다.

"이 계장님 그럼 같이 한번 해보시죠 저는 이렇게 해 볼 테니 계장님이 도와주세요."라는 등 위에 보고할 사항인가? 의 경우에는 "위에 보고해야 저는 잘 모르겠습니다"라고 해서는 안 된다. "저의 생각은 이러이러한데 부장님께 보고 하여 되는 방향으로 해 보는데 안 될수도 있습니다."라던지 반대로 제 생각은 이러이러해서, 안 될 듯 한데 과장님께 좋은 생각이 있을 수 있으니 여쭈어보고 대답 드리겠습니다." 정도가 좋다.

아무리 생각해 보아도 안 될 사항인가?의 경우 "아무리 생각해보아도 그건 무리가 있다. A방향으로 하면 계장님께 피해가 갈 것 같고, B방향으로 하면 다른 분이 피해를 볼 것 같으니 현재대로가 좋지 않겠습니까?" 의 경우 써서는 안될 말은 "절대"라는 용어이다. "계장님 그건 절대 안됩니다." 등 의 확신하고 못을 박는 듯한 것은 피해야 하는 방법이다. 나중에 그것이 가능해지면 이후에 나의 체면과 권위가 없어지며 동시에 향 후 그 사람은 나에게 아무것도 의논하려 하지 않을 것이다.

중요한 item, 예를 들면 하나의 아이템을 하긴 해야하는데 자신이 망설여지고 자신이 없을 때 의사결정을 해야하는 경우는 여러 사람의 의견을 청취하는 것이 중요하며 소통과 이해가 중요하다. 단 누구의 의견을 듣는 것이 좋을 지 선택하는 것이 중요하며 이것이 자신의 몫이다.

가장 실력이 좋은 사람, 행동력이 있는 사람, 의견을 제시해 줄 수 있는 사람이 누구인지를 선택하는 것이 필요하다. 그런 이후 거기서 나온 의견을 취합하여 처리하되 결과에 대한 책임은 반드시 내가 지어야 한다는 것을 명백히 해 두어야 많은 의견이 나올 수 있다. 의견을 내는 사람이 책임지게 된다면 누가 자신의 의견을 허심탄회하게 말하겠는가?

인생 PART 2. **Step 2 . 주요 활동기**

책임매니저 : 과장, 차장
주요업무를 담당하며,
일을 주도하는 전문가 시기

4부

관계

상사와의
부하와의 관계는
어떻게 유지해야 하나?

관계

아무리 IT 시대, AI 시대가 되어도, 결국 회사라는 조직은
사람과 사람 사이의 관계로 이루어지고 그 관계에서 일을 하게 되고 서로 협업하여 성과를 만드는 것이 회사이다.
회사에서의 인간관계에 대해서는 앞서서도 이야기했지만
이 Chapter에서는 실질적인 상황 별로 나누어서
관계 및 갈등 해결 방법에 대하여 이야기하고자 한다.

1. 상사와의 관계

상사와는 어떤 관계를 유지할 것인가?
이는 당신에게 달려있는 것이 아니라 당신보다는 상사에

의해서 더 많이 좌우된다. 상사와의 관계를 잘 유지하는 것은 직장 생활에 있어서 그 성공 여부를 결정짓는 계기가 될 수 있으며 간혹 자리를 옮기거나 이직하는 경우가 발생 하기도 한다.

당신이 직업을 택하고 회사를 택할 때 신중하게 자신의 미래가치를 높일 수 있다고 판단하였는데 상사 때문에 그렇게 선택한 회사를 포기, 관둔다면 너무 안타깝지 않은가?

상사와의 관계가 당신의 직장 생활을 포기하거나 스트레스 받게 하지 않으려면 좋은 관계를 유지하여야 한다. 그러기 위해서는 우선 당신 상사가 어떤 사람인지 알고 대처해야 한다.

상사에는 앞서 얘기한 것처럼 3가지 Type의 상사가 존재한다.

A type: 능력있고 부하를 배려하며 기다려줄 줄 아는 리더, 언어가 다양한 사람

능력이 있고 배려하며 기다린다는 말은 이해하나 언어가 다양한 사람이라는 의미에는 고개가 갸웃거려질 것이다. 나와 자라온 환경이 다르고 사고방식이 다르며 나와 일하는 방식 성격이 다른 사람도 미워하지 않고 그의 일을 잘 하도록 지원해주며, 요소요소에 각 업무에 합당하게 사람을 활용하는 사람이다.

사례 7. A Type 상사와의 만남

필자는 연구소에 근무하다가 공장을 새로이 건설하는 부서로 전배되었다.

연구소에서 기술서적이나 논문만 보다가 공장을 건설하고, 새로이 공장을 돌릴 현장 사람들을 타 공장에서 선발하여 모집하는 업무를 수행하였다. 또한 선발 모집한 사람들을 데리고 공장 건설 후에 가동을 위한 교육을 담당해야 했는데 그 부분에 대해서는 문외한이었다.

필자를 데리고 간 부서장은 필자에게 계속해서 교육기회를 주고, 일본 기술자들과 하는 기술미팅에 참가하도록 하고, 해외 기술연수에도 책임을 지고 현장직원들을 데리고 가서 교육 받도록 하였다. 다른 직원들은 공장건설로 바쁜 와중에 일본어 교육을 받도록 어학연수를 보내고 해서 부하를 육성하여 업무능력을 향상시켰다.

나중에 들은 얘기는 다른 사람들이 시기같이 여겨 말하기를

> 부장님과 동향이냐, 후배냐 생각할 만큼 많은 배려를 받았고, 기다림을 받음으로서 한 업무를 담당하고, 현장직원들의 인정을 받는 전문가. 관계자로 성장 할 수 있었다.

여러분이 만난 상사가 A type이라면 여러분은 행운아이며 이제 여러분은 열심히 만 하면 된다. 단 하나, 상사의 기대에 부응하기 위해서는 부단히 열심히 해야 하며 평소에 상사보다는 한발 앞서서 많은 정보와 개선을 위한 노력을 해야 하는 어려움이 있다. 강제로 말에게 물을 먹이고 채찍질하여 달리게 하는 것이 아니라 말을 감동시켜 스스로 훈련하고 자신이 다치는 것도 모를 정도로 말을 달리게 하는 마부를 여러분은 만난 것이기 때문이다.

A type의 상사는 부하의 장단점, 가정 상황, 독서, 감정, 정신 모든 부분에 배려를 하며 어쩌면 A type상사는 훈련에 의해서도 만들어지겠지만 타고난 성품에 의한 것일 가능성이 크다.

실제 현실에서 A type의 상사는 그리 많은 편이 아니며 대부분은 다음에 예로 드는 B type의 상사가 대부분이며, B type의 상사가 A type에 비해서 능력이 부족하다 단언할 순 없다. Type은 업무능력, 지도능력만을 언급하는 것이 아니기 때문이다. 실제에 있어서는 A type의 상사(리더)만 높은 자리에 오르는 것이 아니며 오히려 B type의 상사가 높은 자리에 올라가는 경우가 많다. 물론 B type의 상사가 모수도 많고, 위에서 사람을 쓸 때 대부분 자기보다 뛰어난 사람을 쓰기보다는 자기에게 충성하거나 자기와 언어가 통하는 사람을 부하로 쓰는 것을 더 편하게 여기기 때문일 것이다. 이야기가 본류에서 조금 벗어 났다.

B type의 상사란 어떤 스타일일까?

B type: 꼼꼼하며 디테일하고 정직하며 원리원칙을 중시하며 부지런하고 체크를 하며 빈틈이 없는 형으로 대부분의 평범한 듯 하면서도 그리 문제 없는 상사가 여기에 속한다고 보면 된다.

이런 type의 상사에게는 어떻게 대응해야 할까?

왜 내 상사는 안타깝게도 A type이 아닐까? 불만족스러워 하거나 두려워하지 말고 여러분의 상사를 도와서 A type이 되게 하라.

사례 8. B Type 상사와의 만남

어느 날 우리 부서로 처음 오신 부장이 나에게 지시하기를 Post-it에 펜으로 메모하여 주면서 지시를 한다 .
"나 대리 볼펜 흑, 적, 파란색, 자주색 연필 4H 1자루, 지우개 하나 준비해 주세요."
앞서 만난 A type부장을 만난 이후에 일이다. 황당해서 아니 의아해서 왜냐하면 저렇게 상세히 지시하지 않으셔도 그냥 "나 대리 필기구 좀 준비해 주세요." 하고 얘기해도 내가 알아서 그 정도는 아니 더 필요 이상 준비할 텐데, 하면서 Post-it을 보니 말씀하신 내용도 그대로 적혀있었다.
그러던 어느 날 이분과 현장 순찰을 같이 다녀왔는데 다녀온 후 나에게 한 질문,
"나 대리, 공장에 어디 갔을 때 그 동그랗게 생기고 빨간색 밸브가 총 몇 개였지?"
또 어느 날 질문하길
"나 대리, 지금 어디야"
"예, 지금 ㅇㅇ대교 위에 지나가고 있다."
"그래, 나는 나대리 뒤에 있어"
그 이후 이분에게는 절대 틀린 것을 말하거나 다르게 보고한 적이 없고 늘 상세하게 사실만 보고하였으며 절대 대충 짐작해서 보고한 적이 없다.

늘 모르면 모른다, 다시 알아보겠다 아니면 이 분 보다 더 상세히 동시에 예의를 차리고 솔직하게 대해 드리자 어느 정도 지난 후에는 나를 신뢰하고 그 이후는 디테일한 지시, 많은 보고를 요하지 않고 나에게 모든걸 알아서 하게 하고 많은 업무를 맡기게 되었다.

본인의 성격은 스타일은 B-type이지만 부하에 대한 신뢰가 생기는 순간부터 A type과 동일하게 부하를 대하게 되는 것이다.

여러분이 B type의 상사를 만났다는 것은 집에 재산은 없지만 밥은 굶기지 않고 사랑은 가득하며 자식에 대한 교육열은 높은 부모를 만났다고 생각하면 된다. 여러분이 여러분의 일을 성실히 하다 보면 여러분의 상사는 어느 순간 A type이 되어 있을 것이고 여러분과 그 상사는 동시에 같이 많은 성과를 성취하여 미래가치가 높아질 것이다.

아! C type의 상사를 만났네! 어쩌나?

'회사는 왜 저런 인간을 팀장을 시켰을까? 왜 부장을 시켰을까? 나는 어쩌다 저 인간과 일하게 되었을까? 타 부서로 전배를 가던지, 회사를 관두던지! 전생에 내가 무슨 죄를 지

어서, 목구멍이 포도청이라 다닌다.'

여러분의 상사는 상사인 이유가 있다. 여러분이 보기에 아무리 무능해 보이고 회사업무보다는 다른 데 관심이 많고 잔소리만 많이 하고 모든 잘한 것은 자기가 다 한 것으로 잘못된 것을 아랫사람 핑계를 대는 C type의 상사도 회사에서는 필요하기 때문에 그 자리에 두는 것이다. 다만 그 상사로 인하여 여러분의 미래가치를 포기해서는 안 된다.

여러분의 상시가 C type이라면 반면에 그를 잘 다룸으로 인해서 여러분은 더 편할 수 있다. 또한 그를 여러분이 C type에서 B type으로 만들게 되면 회사는 "어 쟤 자르려 했는데 성과를 내네" 하면서 그 상사를 좀 더 의미 있는 자리로 옮겨 활용할 것이며 이는 여러분의 공이 될 것이며 상사는 당신에게 고마워하면서 당신이 팥으로 메주를 쑨다고 해도 믿게 될 것이며 상사는 어디에 가든지 당신을 최고라고 칭찬할 것이다.

사례 9. C Type 상사와의 만남

A type의 부장이 다른 곳으로 전배 가고 C type의 부서장이 왔다.

매일매일 지루할 정도의 회의를 하고 늘 불안해 하면서 질문을 많이 하고 걱정도 많이 하였다. 이 부서장이 우리부서로 오기 전에 이미 예정되어 있던 해외출장이 있었는데, 그것도 우리 회사가 돈을 내는 것도 아니고 초청사에서 모든 경비를 내기로 하였는데(물론 제품가에 다 포함된 가치 비용 이겠지만) 부서장으로 오자마자 출장을 취소하고 가지 말라는 것이었다.

아니 이미 다 계획되어 있었고, 비행기, 호텔 다 예약되어 있는데 가지 말라니, 지금까지의 해 오던 패턴과 너무 달라 답답해 묻기를 "왜 가지 말라시는 겁니까?"

이런 저런 이유를 대시는데 타당하게 들리지 않았다. 공장을 떠나 다른 지원부서에 근무하다가 오랜만에 다시 공장을 담당하고 또한 나와는 일해 본 적이 없으니 불안해 하는 것이 이유인 듯 여겨졌다.

그 이후에도 수시로 어디에 있는지 위치를 확인하고 시간대별로 생산실적이 어떤지 체크하고 현장의 문제점이 어떤지 묻고, 실적회의나 경영 회의를 위한 회의 자료를 한 두 번도 아니고 여러 번 씩 고쳐서 만드는 일이 반복되었다. 숨이 막혀 답답해질 즈음, 하루는 조퇴한다는 말도 없이 일찍 퇴근하여 핸드폰도 off하고 집에 있는 유선 전화도 선을 빼버리고는 다음 날까지 아무 연락이 없다가 출근하였다. 한동안 내내 수 차례 다른 사람들에게 나의 행방과 상황에 대해서 물으신 것 같았다.

다음날 단둘이 보자고 하더니 저녁 때 술 한잔 하면서 하는 말씀이 "나도 이제 끝날 때가 다 되었다. 올해 진급 못하면 나 이제 계급 정년에 걸려 진급대상에서도 제외되니 나를 좀 도와달라" 라고 말하는 것이었다.
"좋다. 부장님 그럼 년 말까지 제가 하는 데로 지켜봐 주시고 제가 하자는 데로 하시기 바랍니다."
그러자고 대답하시길래 그 이후 매일매일 상세보고를 하고, 실적의 호부진 사유를 설명하고 경영회의 시 필요한 자료를 만들 때 사전에 준비해서 타부서는 어떻게 회의자료를 만드는지 정보를 파악하여 반영하여서 고위층 과의 회의 시 실수하는 것을 미연에 방지 해드렸다.
정말 그해 말에 이분이 승진을 했고 나에게 너무나 고마운 나머지 진급한지 1년 밖에 안 된 나에게 내년에는 "너도 진급시켜줄게" 라는 말을 했다.

C type의 상사를 만났을 때 여러분은 선택해야 한다.

저분을 최대한 잘 모셔서 성과를 내서 B type을 만들 것이냐? 아니면 기다리면서 나 자신만의 학습과 공부의 시간으로 쓸 것인가? 물론 앞서 말했지만 전자를 택하는 것이 여러분의 선택이어야만 한다.

'아, 쟤는 누구를 모셔도 잘 모시네' 라는 말을 들을 수 있도록 하는 기회로 삼아야 한다. 아, 내 윗사람이 진급하고 못하고도 나의 성과와 연결되는 것이구나, 나만을 위해서, 부서만을 위해서 일할 것이 아니다. 상사에 대한 배려도 필요한 것이 조직생활이란 것을 깨닫게 될 것이다.

상사들의 type에 대해서 얘기하면서 동시에 각 type에 대해서 어떻게 대응하는 것이 효과적인지 말했다. 여기에 공통으로 전제될 것은 여러분이 여러분의 직업과 회사를 여러분의 미래가치를 높이기 위해 선택한 것이라면 사소한 이유로 여러분의 현재 위치를 포기하지 말라는 것이다.

마치 행복하기 위해서 더 자주 얼굴을 보기 위해서 결혼했는데 사소한 이유로 아무것도 아닌 이유 때문에 결혼할 때의 사랑과 각오를 잊고 이혼을 쉽게 결정하면 안 되는 것처럼 말이다. 따라서 직업의 선택, 회사의 선택은 어떤 면에서는 배우자를 선택 하는 것 만큼 우리 인생에서 중요할 수 있다.

쉽게 결정하고(물론 본인은 많은 고민을 하겠지만) 쉽게 이혼한 사람이 그 다음 결혼은 이혼의 트라우마로 잘 하지 못하고, 갈등과 문제가 생기면 또 다시 해결책을 이혼으로 생각하는 것처럼 자주 이직을 생각하게 된다. 거기에 가면 또 다른 문제가 있다. 이혼하는 것, 이직하는 것은 해결하는 것이 아니라 도피하는 것이다.

도피하여 새로운 것을 찾는 것은 처음의 선택만큼이나 신중해야만 하며 다시 그곳에서 처음부터 적응할 더더욱 힘든 각오가 되어있어야만 한다.

사례 10. 회사를 자주 옮기는 경우

친구 중에 취직만 하면 그 회사가 망하는 친구가 있었다. 학벌이 없는 것도 아니고 명문은 아니지만 서울의 우수한 대학의 법학과를 나와서 큰 기업을 다닌 건 아니지만 취직해서 열심히 일한 죄밖에 없는데 가기만 하면 회사의 사정이 나빠져서 세 번을 연거푸 회사를 옮기게 되었는데, 그 이후에는 다른 회사에 입사하면 늘 그 회사도 망할까 걱정하고,

> 작은 일만 있어도 쉽게 본인의 의지에 의해서도 회사를 옮기고 하더니 어느 날 돈을 꾸어달라고 했다.
> 무슨 일을 하려는지 묻지도 않고 돈을 꾸어주었는데 하는 사업이 꽤 잘 되었다. 그러던 중 시골에 계신 아버님이 병환 중이셨는데 아버님을 간호하시던 어머님도 병환이 나서 간호할 사람이 없어서 곤란한 지경에 이른 것이다. 다른 두 형제가 있음에도 불구하고, 이 친구가 하던 사업을 정리하고 시골로 내려가서 지금 껏 부모님을 돌보고 이제는 두 분 다 고인이 되셨지만, 지금껏 시골에서 살고 있다(물론 시골에 산다는 것이 실패라는 것은 아니니 오해 없길 바란다.).

즉, 여러 번 이직한 경험이 있으니 다른 형제들 보다 쉽게 관둘 결정을 하더라는 것이다. 이혼과 이직도 도피성이라면 습관성이 될 수 있다는 것을 염려해서 하는 말이다.

2. 부하와의 관계

앞서서 상사와의 관계에 대해서 이야기 했는데 다음 순

서는 당연히 부하와의 관계가 될 것이라 예상했을 것이다.

역시 부하의 경우에도 3가지 type이 있다고 할 것을 짐작하셨을 것이다.

사례 11. 부하직원의 Type

20년 전 관리자 양성학교 교육에서 받은 데로 이야기 해보고자 한다.
입사한 신입사원에게 윗사람이 지시하기를 서류1장을 주면서 복사를 부탁한다. 요즘 시대는 복사는 거의 하지 않으니 무엇에 비유하면 좋을까 생각해 보았는데 딱히 떠오르는 것이 없다.

A type의 직원은 조용히 서류를 갖고 가면서 내용을 훑어보면서 자신이 할 일이 단순한 복사 외에 어떤 것이 있을까 생각하고 필요하면 한 장 더 copy하여 만약 필요하다면, 괜찮다면 1장 더 copy하여 여유분까지 copy하여 갖고 간다.

B type의 직원은? copy를 지시한 상사에게 질문한다.
1. 어떤 size로 할까요?
2. 몇장으로 할까요?

> 3. 제가 봐도 되나요?
> 그리고 거기서 들은 답에 맞추어서 copy를 수행한다.
>
> C type의 직원은? 그저 copy를 한다. 그리곤 copy를 부탁한 상사에게 가져다 준다.

위에서 열거한 A,B,C 세 type의 차이는 어디서 오는 것일까? 그들의 자질, 아니면 업무능력의 차이에서 오는 것일까?

이들의 차이는 관심에서 오는 것이다. 나에게 일을 시킨 사람이, 복사를 시킨 사람이 현재 어떤 일을 하다가 복사를 부탁한 것일까? 회의를 하다가 부탁한 것이면 회의 참석자의 숫자대로 copy를 하는 것이 타당할 수 있다. 그 정도의 관심까지 없다면 B type의 경우처럼 최소한 자신의 일을 정확히 제대로 하려는 의지가 있다면 몇 장, 어떤 사이즈로 해야 하는 지는 어쩌면 직원으로서 업무를 하는 사람으로서 당연한 관심일 것이다.

상사는 부하직원이 이 중 어떤 type인지 파악해야 한다.

물론 부하직원이 이 중 한 가지 type이라고 해서 늘 상 모든 일에서, 모든 시점에서 항상 같은 식으로 반응, 행동하는 것은 아니다.

어떤 경우에는 C type인 친구가 다른 일에 있어서는 A type의 경우처럼 행동하고, A type의 친구가 다른 시기에는 왜인지 C type의 행동을 한다.

내 부하의 특성을, 잘 하는 것은 무엇인지, 관심분야는 무엇인지에 대하여 가능한 디테일하게 파악하고 관계를 유지하며 일을 지시해야 팀원 전체의 성과를 높일 수 있는 것이다.

각 type별로 일을 지시할 때의 방법을 생각해보면, 좀 더 효율적으로 하기 위해서는, 아니 부하직원 육성을 위한 코칭은?

A type의 경우에게는 여러가지 세세히 주문할 것 없이 자료 copy좀 부탁하여 기밀서류이니 보안유지하고 정도의 지시면 알아서 추가 copy없이 본인이 유심히 보지 않고 copy업무를 수행할 것이다

C type의 부하에게는 업무를 안 시키는 것이 대안이 될 수는 없다. 안 되는 문제를 포기하는 것은 해결책이 아니라 도피이며 책임회피인 것이다. 이 친구에게는 앞서 얘기했듯이 메

모하여 지시할 필요가 있다. B type이 질문한 것 보다 더 내용을 명확히 하여 써서 지시하여야 실수하지 않을 것이다.

단순한 copy를 예로 들었지만 회사 업무 중 부하와의 관계에서는 신뢰가 가장 중요하며 이는 동시에 서로간의 의사전달을 명확하게 하여 그 업무의 수행 정도를 늘 파악하고 있어야 하고 지시를 받는 사람도 명확하여야만 책임소재의 불분명함에 의한 신뢰가 무너지는 것을 방지 할 수 있다.

그렇다면 이런 부하들을 데리고 어떻게 업무를 하면서 조직을 운영해 나갈 것인가?

20세기 경영의 귀재 '잭 웰치'의 말이다.

조직은 탁월한 사람 10%. 부족한 사람 20% 그리고 평범한 70%의 사람으로 이루어지는 것이 대부분이라고 말하면서 각 세 부류의 사람들을 어떻게 해야할지에 대하여서 말한 바있다.

※ 조직 구성원의 업무 수행 능력에 따른 분포
A구역: 조직에서 탁월한 사람들로 전체 구성원의 약 10%
B구역: 조직에서 평범한 사람들로 전체 구성원의 약 70%
C구역: 조직에서 부족한 사람들로 전체 구성원의 약 20%

● A구역의 탁월한 사람들을 잘 활용하여 지속적으로 교육 육성하여 내 조직의 Best 멤버로 활용하고 거기서 남는 자원(인원)은 다른 계열사나 심지어 경쟁사 혹은 다른 회사의 임원이 되도록 하여 본인의 가치도 높이고 더 크게 확대해서는 사회, 국가 경제에 기여하도록 한다.

● B구역의 사람들은 대체로 A구역의 사람들이 정하는 데로 따라가는 동반자들로 조직의 대부분을 구성하는 사람들이며 조직을 지탱하는 기반이며 A구역의 사람들에게서 나오는 의견과 행동강령을 따르도록 지속적으로 지원하고 그 중 또 본인의 노력에 따라서 A구역으로 이동하는 사람들이 생기도록 하여야 한다.

자, 이제 어느 조직에서나 문제가 되는 C구역의 사람들이다.

● C구역의 사람들이 없으면 좋지만 이 또한 어느 조직이나 있게 마련이며 제로라 할 수는 없다.

어떤 사람이 열심히 일하는 개미들을 살펴보니 개미들도 전체 구성원 중에 약 20%가 괜히 왔다 갔다만 하면서 일을 안 하길래 그 일 안 하는 것들을 모두 골라 냈더니 남은 것들 중에서 다시 20%가 놀더라는 것이다. 그럼 이 C구역의 구성원들을 어떻게 해야 하나?

'잭 웰치'는 말한다.

C구역의 구성원들을 재교육하여 본인의 적성에 맞는 곳, 조직에 필요한 곳에 배치하고 그래도 안 되는 구성원은 과감하게 정리해야 한다.

본론에서는 조금 떨어진 이야기이지만 정리할 때는 젊은 사람부터 정리해야 한다고 말한다. 대부분의 사람들은 나이가 많은 고 연봉자부터 정리해야 한다고 생각하겠지만 젊은 사람부터 해야 그들이 다른 곳에 가서 새로운 직장, 새로운 직장에서 능력을 발휘할 수 있고 다시 기회를 얻을 수 있다는 것이다. 고 경력자나 고 연봉자는 정리 시 적응할 기회도 적고 오히려 회사에서도 그 경험을 쓸 수 없게 되서 손해라는 것이다.

이러한 세 부류의 사람들에 대하여 적정한 교육과 지속적인 지원을 바탕으로 전체 조직의 경쟁력을 높여야 한다는 것이다.

정리하면 부하와의 관계에서는 가장 기본적으로 신뢰가 바탕이 되어야 하며 특성과 능력을 파악하고 그의 관심분야를 고려하여 적재적소에 배치해야 하며 적절한 교육을 지속적으로 시켜서 조직전체의 시너지 효과를 높여야 한다.

3. 상사와 부하의 만남

앞서 상사의 세 가지 유형과 부하의 세 가지 유형에 대하여 나름의 분류를 통하여 정의하였고, 과연 상사와 부하의 조합은 서로 어떤 Type이 만났을 때 조직의 경쟁력이 커지고 회사의 미래가치와 본인들의 미래가치 증대에 도움이 될까?

다음 그림을 보자

* 유형별 상사와 부하의 만남

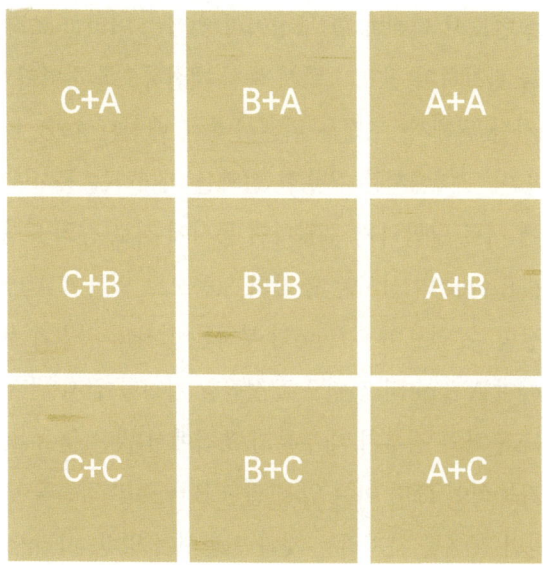

A+A, C+C구역은 회사에서는 가능한 피하고 싶은 인원배치이다.

A+A구역의 경우는 상사와 부하 모두 뛰어나서 조직의 성과는 높을 수 있으나 상사와 부하간의 갈등이 발생할 수 있으며 회사는 또한 우수한 인재를 한 곳에만 집중 배치함으로 인해서 타 조직과의 차별 및 전체조직의 사기에 있어서 부작용을 유발 할 수 있다. C+C구역은 회사에서는 의도치 않으나 종종 생기는 것으로 하나의 주요업무 및 전략을 수행하는 조직에는 반드시 피해야 할 구성이며 리더는 이러한 조직이 없는지 늘 관찰하여 필요시 즉시 즉시 개선하도록 하여야 한다.

회사를 위해서, 조직을 위해서 좋은 배치는 A+B, B+A구역이며 이 구역에서는 우수한 성과를 기대하는 동시에 구성원 간에 서로 단합하기 수월하며 동시에 서로 간의 도움으로 인하여 B type의 상사는 부하의 도움으로 인하여 A type으로 성장할 수 있으며 B type의 부하는 상사의 지원과 육성으로 인하여 A type의 직원으로 성장할 기회를 얻게 된다.

B+B구역의 경우가 대부분의 조직에서 많은 점유율을 나타낼 가능성이 크며 이는 앞서 말한 B type의 직원들이 전체 구성원의 70%를 차지하는 것과 연관성이 있다. 따라서 이에

대하여는 구성 자체를 바꾸는 데는 한계가 있으므로 A+C, C+A구역의 경우는 앞에서 끄는 선도조직 역할과 동시에 회사는 직원 전체에 대한 교육과 육성 프로그램의 운영, 기업 문화의 개선 등으로 대치하여 전체구성원의 업무능력 및 조직에 대한 충성도를 향상시켜 나가야 한다.

B+C, C+B구역의 경우는 코칭이 필요하다.
가능하다면 A+A구역의 사람 중에서 특히 상사를 보내서 부하의 육성이 필요하다. 간혹 B+C, C+B구역의 상사의 요청에 의하여 A type의 부하만을 배치하는 경우가 있는데 이는 상사가 부하를 잘 관리하거나 디테일하게 보지 못 할 가능성이 크므로 오히려 조직 내에서 구성원에게 역효과 특히 A type의 부하의 사기저하, 불성실한 업무 등 부작용을 초래 할 수 있다.

C+C구역에 대해서는 독자 여러분이 보더라도 언급할 것이 없는 뻔한 것이다. 조직 자체의 존재성까지 검토할 정도로 심각한 수준이며 회사나 리더의 의도와 관계없이 나타나는 경우이며 발견 즉시 특단의 조치를 해야만 하는 것이다.

이상의 여러 구역에 대해서 살펴보고 조직전체의 경쟁력에 미치는 구성원들 상호간의 팀 워크를 살펴서 조직의 업무능력을 극대화하여야 한다.

4. 인맥을 활용하라

회사별로는 다르겠지만 임원이나 팀(부서)장 진급대상이 되면 자신의 친.인척이나 친한 사람의 직업, 직위들에 대하여 적어내는 경우가 있다. 왜 적어내라고 할까?

당연히 그 관계인이 필요시 활용할 의도가 있는 것이 아닐까? 이 경우는 사례가 없어서 예를 들 수는 없지만 인간은 모두가 알다시피 사회적 동물이며 회사라는 조직은 어차피 앞서서도 몇 번 말했지만 개인의 능력도 중요하지만 그 각자가 연계되어 움직이므로 인맥을 완전히 무시할 수 없다.

가능하다면 법적, 도덕적으로 문제가 없다면 아니 문제가 없도록 하여 필요시 인맥을 활용하는 것이 좋다. 즉 Infra가 아닌 人프라를 나의 업무성과를 위해서 최대한 활용하는 것이다.

1) 사내 비공식 人Fra

이미 사회, 국가적으로도 공식적인 조직에 이어 비공식적인 조직인 *NGO(Non-Government Organization)의 사회적인 공헌이 커지고 있으며, 그 역할로 막대한 부분을 차지하며 그 영향력 또한 크다.

회사에서도 이런 비공식적인 조직이 역량을 발휘하는 경우가 많다. 물론 개인들의 이익만을 위한 모임이 되어서는 안 된다, 특히나 본인들의 승진 등을 위한 파벌을 만들어선 안 된다.

회사에서는 회사 업무를 위한 공식적이며 일상적인 조직이 있고 또한 때로는 어떤 특정 아이템 해결을 위한 TF조직을 만들곤 한다.

과업수행을 위한 가장 경쟁력 있는 구성원들로 TF를 만드는 것이다. 최근에는 간혹 각 회사별로 TF가 만연하여 정말 특단의 조치이며 비상기구인지 혼돈스러울 때가 많은데 이는 그 필요성에 대한 철저한 검토 없이 보여 주기식 show를 많이 하는 부분이 없지 않아 보인다.

사내에는 많은 인맥이 존재 할 수 있다. 같은 학교를 나온 선후배모임, 입사를 같이 한 동기모임, 회사 동호회, 같은 동향의 사람들, 군대모임 등등 말이다.

필자가 말하는 人Fra는 이런 모임들을 뜻하는 것이 아니다. 혹자는 그럼 어떤 인맥을 말하는 것인지 의아해 할 것이다.

필자는 자신의 업무에 도움을 주고, 자신이 하는 업무에 공식적이 아닌 비공식적으로 도움을 줄 수 있고 자신을 코칭할 수 있는 나의 멘토와 관계자 등으로 구성된 人Fra에 속한 사람들이 필요하다는 것이다.

이러한 人Fra는 별도의 사교모임이라던가 만남을 갖고 서로 도와주면 당연히 좋고 그 효과도 크겠지만 별도의 모임을 갖고 이를 지속적으로 지탱해 나가는 것은 매우 어렵다.

사례 12. 혼성팀들과의 업무

한 회사를 인수하여 각 구성원들의 출신이 다르고 기업문화도 다른 사람들이 모여서 그 동안 정지되어있던 공장을 재 가동하게 되었다.
당연히 재 가동을 위한 준비는 설비 공급사의 기술지원과 각 구성원들의 헌신적인 노력으로 성공적으로 이루어 졌다.
그 이후 생산성 향상, 원가절감, 품질 향상을 위하여 각 사

> 에서 온 구성원들 중에서 나름 능력과 지식, 경험이 있는 인원들로 기술포럼을 구성하여 진행하였으나 두 세 차례 모임 이후엔 회사의 조직이 커지면서 각자의 업무가 달라져 그 지속성에 있어서 실패한 경험이 있다.

이후 생각해 보면 나름 너무 우수한 사람들로만 구성하였고, 그러다 보니 공식적인 조직에서 맡기는 과중한 업무, 다른 곳으로 전배 가면서 주요 관심사가 달라지게 되니 공통의 토론 주제가 형성되지 못하면서 유야무야 되게 된 것이다.

나의 업무를 위한 人Fra는 꼭 사람을 구성하고 만나고 토론해야 하는 것은 아니다. 평소에 지식과 정보를 공유하고 누가 어떤 분야에 전문가인지 알아두었다가 필요시 연락하여 코칭을 받고, 지원을 받을 수 있는 나만의 Net work인 人Fra로 갖추고 있으면 된다.

특히 업무 중 협조가 필요한 경우, 업무 중 모르는 문제가 발생한 경우, 공장의 경우는 사고가 난 경우 등 누구의 도움이 필요할 때 나를 도와줄 수 있는 사람과 평소 관계를 형성해 두라는 것이다.

사례 13. 생산공장의 3P

대부분의 생산공장에서는 세 가지를 관리한다.

Product(제품), Plant(설비), People(사람) 혹은 3M(Man, Material, Machine) 4M(3M+Method), 안전에서는 (Man, Media, Management, Machine)이라고 한다.

3P의 관리를 위해서는 특히 Machine(plant)의 관리를 위해서는 설비(기계)를 운전하는 생산에 근무하는 운전자와 (조업자)와 정비(유지보수, Maintenance)를 담당하는 사람간의 협력이 필수적이다.

이는 생산(운전)을 하는 자가 기계, 전기분야를 전문적으로 할 수 없고, 정비는 기계 전기 전문가가 행하여야 하기 때문이다. 그런데 아쉽게도 상사-부하의 구성처럼 조업은 A type인데 정비는 C type인 경우 혹은 반대의 경우로 인원이 편성되는 경우가 있다.

이때 생산을 책임지는 운전자의 입장에서는 다른 조직에 있는 A type의 능력 있는 정비 전문가에게 코칭과 도움을 요청 할 수 밖에 없다. 이때 나와 업무를 직접하는 정비요원의 사기를 저하시키지 않는 선에서 자신의 人Fra를 활용하여 도움을 요청하거나 코칭을 받을 수 있도록 평소에 가능한 A type의 사내 인맥을 유지하여야 하는 것이다.

2) 사외 인 Fra

내가 활용 할 수 있는, 나를coaching할 수 있는 사람을 사내에 내가 속한 조직에서만 찾아서 도움 받아야 할 이유는 없다. 필요하고 가능하다면 사외의 사람에게서도 도움 받을 수 있다.

내가 어떤 특정 설비를 검토할 때 그것에 대한 정보-이를 테면 가격이라던가, 그 설비를 공급할 수 있는 Makcr동에 대하여 조속한 시기에 가능한 쓸모 있는 자료를 줄 수 있는 사외의 협력 자가 필요하다.

어떤 지식에 대하여 회사의 대외적인 공식 관계가 아니면서도 조속한 시기에 알아낼 수 있는 학계나 다른 학술기관에서 협조를 얻어야 하는 경우도 생긴다. 물론 꼭 필요하다고 판단되면 산학협동이라던가 회사에서 공식적으로 기술 협력등을 추진하는 것이 대부분이지만 그러기 위해서 늘 사전에 개략적인 정보를 얻어야만 상시 검토를 할 수 있다. 또한 디테일한, 공식적인 추진이 아니라 간단히 질의 응답 만으로도 해결 할 수 있는 경우가 있으므로 사외에도 자신을 도울 수 있는 사람이 누구인지 알아둘 필요가 있다. 모든 것을 나만의 지식, 내가 갖고 있는 정보 만으로 해결 할 수 있는 것이 아니므로 사내 외의 많은 싱크탱크(think tank)를 활용하는 것이 자신의 현 업무추진과 미래가치를 위해 그 활용도는 무궁무진하다.

사례 14. 사외 인간관계의 활용

금속공학과를 갓 졸업하고 들어온 A type의 신입사원이 있었다. 당시 필자는 주말부부를 하고 있었는데 우연한 기회에 일요일 저녁 이 친구의 차를 같이 타고 지방근무지로 가는 중이었다.
"어제, 뭐 했어요?"
"아 네, 어제 교수님 만났습니다."
"너, 대학원 다니나?, 웬 교수님?"
"아닙니다, 조업하다 좀 궁금한 것이 있어서 학교 때 교수님 만나서 몇 가지 여쭈어 보았습니다."
이런 차이다. A type의 직원과 다른 직원들의 차이를 나타내는 점이다. 또한 학교에서 배운 것과 현장에서의 차이를 궁금한 것을 사회 인맥을 통해 알아 볼 수 있으며 교수님 찾아가는 열정과 의문점을 해결하려는 그 열정이 자신을 발전시키고 본인의 미래가치를 높이는 것. 이 친구는 이후에도 궁금한 것이 있으면 자신 조직내의 선배들과 의문점에 대하여 많은 토론도하고 질문도 하면서 교수님에게 자주 질문하여 자기 나름의 기술에 대하여 식견을 갖추게 되고 사내에서도 인정받는 엔지니어로 잘 근무하고 있다.

    동종업체나 거래업체와의 관계에서 많은 도움을 받을 수 있다. 특히나 내가 속한 조직에서 무언가(설비이던 새로운 관리 시스템이던 혹은 경력 사원이 필요한 때 등) 새로운 것을 수행 할 때 동종업체에서 먼저 시행한 경우 그들의 경험에 대한 정보를 기술적으로 산업스파이 문제만 아니라면 도움과 코칭을 받을 수 있다.

사례15. 타 회사사람과의 관계

필자가 속해 있던 회사의 신설비를 처음 도입할 때 국내에서는 어디에서도 해당 설비에 대한 것을 배울 수가 없어서 일본에 가서 단기간 겨우 15일의 이론 교육과 견학만을 하고 돌아왔는데 나중에 알고 보니 지방에 있는 회사가 우리

> 보다 먼저 설비를 도입해 약 1년을 운영해 온 것을 알게 되었다. 알아보니 해당 공장의 팀장 등 여러 사람에 대하여 알아보았지만 특별히 연이 닿지 않았다.
> 용기를 내어 해당팀장에게 직접 전화를 걸어 좀 도와주면 어떤가, 한 보름 정도가서 직접체험 하면서 배우고 싶다고 했더니 그 열의에 동의 하여 직접 오라고 해서 해당 회사에 가서 새로운 설비의 사용방법을 배우고 약 보름을 같이 생활하면서 몸소 체험적으로 훈련을 받아서 이후 회사의 설비 운전에 참고하여 많은 도움이 되었다.

흔히들 새로운 설비를 도입하거나 신규공장을 건설하여 가동 할 시기에 회사에서 제대로 된 교육도 안 시켜주고 출장도 안 보내주어 배울기회가 적었다고들 말하는 것을 많이 듣는다. 회사에 취직 할 때는 혼자 스스로 고민하고 알아보고 정보를 모으고 해서 취직하지만 취직하고 나면 잡은 고기 모이 안주는 것처럼 그다지 많은 노력을 기울이지 않는 것 같다.

자기 자신의 능력 개발과 내 조직의 성과를 위해 스스로 필요하다고 판단되면 출장이나 교육을 품의하여 진행하고 그것도 아니면 자기자신의 미래경쟁력 차원에서라도 휴가를 내고서 내 돈을 들여서라도 견학, 출장, 교육을 다닌다면 10,20년 후 여러분은 여러분의 분야에서 최고의 위치에 서게 될 것이며 거기에 따른 人Fra도 자연히 갖추어 질 것이다. 나 자신과 함께 일하는 상사, 부하, 우리회사들의 구성원 모두 우리 라는 하나의 人Fra라면 내가 일하는 업종에 관계하는 모든 사람이 나의 人Fra이며 이를 우리는 활용하고 함께 나아가야 하는 것이다.

인맥을 최대한 활용하라.

단 공정하게, 대가성 없이 법적, 도덕적 물의 없이.

5. 갈등해결

1) 상사와의 갈등

앞서 말한 여러가지 type의 만남에 있어서 갈등요소가 여러가지 있습니다만

C type 상사와 B type 부하의 만남

B type 상사와 A type 부하의 만남 등

상사보다는 부하직원이 나름 능력이 있을 경우에 많은

갈등이 발생하곤 한다.

A type의 상사에게는 어떤 type의 부하직원이 불만을 나타내더라도 큰 갈등 없이 상사가 자신감과 장악력이 있으므로 쉽게 해결하는 경우가 대부분이다.

A type의 부하가 B type의 상사와 만나는 경우도 대부분 부하직원의 스킬과 상사의 이해로 큰 문제 없이 갈등이 생겨도 해결되곤 한다. 대부분 경우의 문제는 B type의 부하와 C type상사의 만남이다. 부하는 상사를 이해하기 어렵고 상사는 부하로부터 인정을 받으며 자신의 정체성과 성과를 나타내려 한다. 그래야 자신의 위치가 의미 있고 조직을 위해 무언가를 하고 있다고 착각하는 것이다.

사례 16. 무능한 중간 상사의 사례

세 사람이 있다.
A type이나 B type의 최상위 상사, C type의 중간상사 그리고 자신은 C type은 아니라고 생각하는 부하직원으로 아래 그림처럼 구성된 조직이다.

* 갈등 발생조직

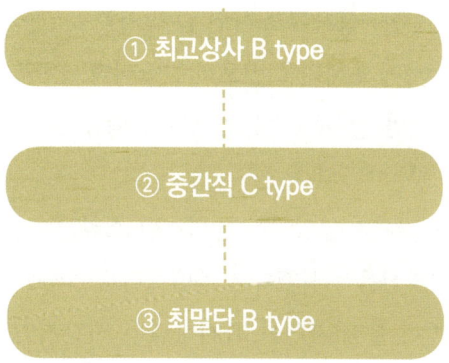

 이 그림 중에 누구 하나라도 A type이 있다면 갈등이 초기에 해결될 가능성이 큽니다만 아쉽게도 이 경우는 A type의 상사나 부하직원이 없다.

 문제를 예로 들면 B type의 팀장이 B type의 직원에게 언제까지 특정 아이템에 대한 보고서를 올리라고 C type의 중간상사가 있는 자리에서 지시했다. 직접지시는 말단부하가 받았지만 ②,③직원 둘 다에게 지시한 것이라고 볼 수 있다.

③의 위치에 있는 직원은 최선을 다해서 보고서를 만들고 기안을 해서 최고 상사에게 올렸다.

상사의 말 "중간 상사에게 확인 좀 받지?"

바로 위 상사에게 확인을 받으러 갔습니다.

C type의 2번 상사는 다음의 3가지 행동 중 하나를 한다.

1) 왜 나를 거치지 않았냐는 퉁명스런 소리
2) 알았어(자신을 무시했다는 볼멘소리로). 거기 나둬. 내가 나중에 볼게(자신을 과시하려는 시간지연 작전인 셈이다)
3) 본 내용보다는 철자가 틀렸다는 둥, 글자 크기가 너무 작다는 둥. 되지도 않는 트집거리를 잡는다.(내가 상사라는 것을 나타내고 자신의 실력 없음을 숨기려는 얄팍한 술수이다.)

여기서 누구의 잘못이 가장 클까?

그렇다. ③위치의 부하직원의 문제가 가장 크다.

1번 위치의 상사에게서 지시를 받을 때 2, 3번이 같이 있었다는 것은 일을 하면서 2번의 코칭과 협조를 받으라는 것이고 2번은 3번을 도와주라는 의미이다.

이걸 3번이 간파했다면 지시를 받자마자 업무의 방향에 대해서 2번의 조언(아무리 무능력자라고 해도)을 들어서 업무에 반영했어야 한다. 또한 업무의 진행 중에도 중간 중간 진행사항을 2번에게 보고하고 코칭(잘하던 못하던에 관계없이)을 받아야 한다.

그러면 이것이 2번에게서 1번에게 전달 되었을 경우 최종 보고 시에 1번을 쉽게 통과했을 것이고 2번은 자신이 같이 한일이라고 여기면서 3번을 좋게 생각할 것이다. 그러면 그 다음부터는 1번이 2번을 제쳐두고 3번에게 직접 일을 시켜도 2번은 그럴 만한 일이겠지, 사연이 있겠지 하면서 더 이상 딴지 걸지 않을 것이다. 왜냐하면 자신이 늘 3번 때문에 불안해했던 존재감, 정체성에 대한 불만감이 해소되기 때문이다.

조직에서 나보다 선배이고 상사인 사람은 이유야 사연이야 어떻든 다 그 위치에 있는 목적과 이유가 있다.

설령 싫더라도 그 사람의 능력과 업무스타일이 문제인 것이죠 그 사람 자체가 문제가 있는 것은 아니다. 조직에서는 안 좋아하는 사람은 있어도 가능한 싫어하는 사람은 만들지 않는 것이 좋다.

2) 타 부서와의 갈등

회사 일을 하다 보면 실, 사업부의 목표는 같지만 일의 주체가 누구인지? 그 일을 할 때의 결과의 성과를 누가 받을지 등 부서간의 이해충돌이 생기는 경우가 발생하며 각 기업마다 반드시 타 부서의 성과에 편승하며 쉽고 좋은 일만 챙기거나 늘 물귀신처럼 일을 반대만 하는 집단이 있기 마련이며 의견 또한 서로 충돌하는 경우가 발생하곤 한다. 이 때의 해결은 어떻게 할 것인가?

사례 17. 상대가 분명히 틀리고 내가 맞는 경우

물론 이런 경우는 흔치 않지만 상대와의 진지한 논의가 필요하여 모든 갈등의 발생은 그 자체가 나쁜 것이 아니다. 왜냐하면 의견이 다른 것은 각자가 일하는 방식의 차이일 뿐이니 목적이 다른 것이 아니기 때문이다. 서로 같은 목적 예를 들면 회사의 성과를 좋게 하려는 것인데 각자에게 주어진 목표가 다르거나 혹은 일하는 방식의 차이인 것이다. 이럴 때는 상대방을 논리적으로 설득하면 당신이 상대를 설득했다고 인식 하더라도 상대도 당신의 의견에는 동조하더라도 실제 행동에서는 당신에게 협조하지 않거나 겉으로는 승복하나 적극적인 행동이 없이 '그래 잘났으니깐 너 혼자 잘 해봐' 하는 심리로 방관하는 경우가 많다.

상대의 실제 Need가 무엇인지 파악하는 것이 중요하며 그러기 위해서는 상대의 말을 끝까지 들어보고 상대가 구체적으로 하고 싶은 방법이 무엇인지 묻고 논리보다는 감성적으로 접근하는 것도 좋은 방법이 될 수 있다.

이 때에는 목적과 멀리 떨어지는 것이 아니라면 상대의 일하는 방식대로 하면서 양보하고 협조를 받아내는 것도 좋은 방법이 된다. 단 양보할 때는 상대가 감동할 정도로 해주어야 상대는 나에게 적극 협조할 것이다.

사례 18. 논의해보니 상대가 맞고 내가 틀리는 경우

앞선 경우와 반대의 상황이지만 이런 때는 그 자리에서 솔직하게 자신의 틀림을 바로 인정하고 상대를 치켜세우며 내가 상대에게 싸우기 보다는 보다 더 적극적으로 협조하겠다는 의사를 나타내는 것이 필요하다.

우리가 자신의 실수나 잘못을 인정하는 방법에 있어서 서투른 경우가 많은데 이는 자존심이 아니라 자만심을 갖고 있기 때문이다. 내가 틀림을 인정하는 순간에 나 자신의 정체성과 자존심이 떨어진다고 인식하고 있는 것이다.

내가 틀린 것을 인정하고 상대방의 옳음을 인정하는 순간에

> 나는 대인배가 되고 상대방을 배려하고 올려 줌으로서 두 사람 다 자존심이 커지고 갈등이 해결되는 순간 지금 껏 싸워 온 두 사람이 원 팀이 될 수 있다는 것을 놓치는 것이다.
> 갈등이 생겼을 때는 치열하게 토론하고 토론이 끝나고 갈등이 끝났을 때는 서로의 자존감을 해치지 않고 둘 다 윈윈하는 방법을 늘 염두에 두어야 한다.
> 갈등은 우리를 키우고 양측의 미래가치를 모두 높여주는 방향으로 해결해야 한다.

3) 거래처와의 갈등

과거 대기업 우선의(재벌 중심의) 경제발전 시기에는 대기업은 무조건 갑, 거래처는 무조건 을이던 시절이 있었다. 그 시절은 거래처는 무조건 대기업, 갑이 시키는 대로 하고 일을 받기 위해서 소위 말하는 접대라는 것이 횡행하던 시대였다.

그러다 보니 을은 늘 어떤 일이 잘못되어도 심지어는 납품한 제품이나 설비를 사용하던 사람이 명백히 잘못한 경우인데도 이유 여하를 막론하고 을이 책임지기 일쑤였다. 그러나 이제는 세상이 변해서 대기업도 마음대로 못하는 시대가 되었고 오히려 슈퍼 을이라는 농담 반 진담 반 말까지 생겨났다.

그럼에도 불구하고 아직까지도 협력사나 납품업체의 관계자에게 갑 행사를 하는 사람들이 있어서 심한 경우에는 관계사에서 감사실에 투서를 하거나 해서 서로 불편한 관계, 서로 피해를 보는 유쾌하지 않은 일들이 발생하는 경우가 있다.

이런 일이 발생하는 경우는 공정하지 못한 처사에서 발생하며, 거래처를 상대하는 갑의 직원이 회사 일 보다는 개인의 이익을 탐하거나 일을 정상적으로 처리하지 않고 편법을 쓰는 경우에 발생하곤 한다.

또한 거래처의 입장에서는 일을 따내기 위해서 무리하게 다른 경쟁업체를 이기려 하거나 적정한 이익이상의 것을 얻어내려고 좋지 않은 수단을 사용하는 때에 발생하곤 한다. 이러한 일들의 발생이 없도록 하기 위해서는 거래 업체와도 동반자라는 생각을 갖고, 일을 처리하는 데에 있어서 회사의 규정을 따르며 거래처와의 관계 및 업무를 투명하게 하도록 하고, 경쟁업체들 간에 공평하게 한다면 법적 도덕적으로 문제가 될 리가 없다고 본다.

사례 19. 거래처의 유혹 뿌리치는 방법

거래처에서 어떠한 물품 등을 제공하며 자신들에게 유리하도록 조치하려는 경우, 유혹을 뿌리치는 것은 사실 조금 어려운 경우로 볼 수 있다. 모든 사람이 노란(돈, 금 등)을 싫어하는 사람이 없기 때문이다. 이럴 경우 그런 작은 금품 하나 때문에 자신의 직장 생활 20~30년 또 그것을 토대로 한 제 2인생의 준비까지 포기할 순 없다는 생각을 하면 된다. 혹시 그런 제안을 받더라도 '저와 오래 좋은 관계를 유지하고 같이 일하고 싶으시면 이러시면 안 된다'고 하고 꼭 주시려면 제 30년 연봉 만큼에 +@를 갖고 오시면 받아주겠습니다. 라고 단호히 뿌리치면 모든 그런 유혹을 제공하려던 사람들이 쑥스러워 하면서 물러날 것이다.

사례 20. 제품이나 업무에 있어서 납품사의 문제인지 사용자의 문제인지 불명확하여 서로 곤란할 경우

※ 납품사(공급사)와 사용자의 책임소재

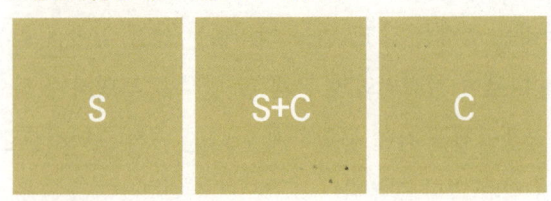

S: Supplier C: Customer

그림에서 처럼 어떤 제품의 문제가 있는 경우 그 원인은 세가지로 나눌 수 있다.

S : 공급사(제작사)가 제품을 제작하면서부터 잘못 만드는 경우

C : 고객 혹은 사용자가 제품을 매뉴얼 대로 사용하지 않거나 무리하게 사용하여 제품이 파손되거나 수명이 단축되는 경우

S, C와 두 가지의 분류로 명확히 할 수 있을 때는 큰 문제가 아니지만.

S+C : 공급사와 사용자 양측이 모두 문제가 있거나 혹은 어느 쪽이 문제가 있는지 밝히기 어려운 경우

이 때에 양측간에 아규(Argue)가 발생하여 대부분의 경우 공급사가 을의 위치에서 계속해서 제품을 납품하기 위하여 울며 겨자 먹기로 책임을 지겠다고 하고, 사용자의 입장에서는 편의를 위해서 그냥 넘어가는 경우가 대부분이다.

이는 사용자 측의 담당자 입장에서는 업무편의를 받는다는 생각에서 무심히 지나가고 공급자 측에서는 그저 계속해

서 판매를 할 수 있는 권리를 유지하게 되므로 서로 잘했다고 착각하기 마련인데 이는 좋은 해결방법이 아닙니다. 왜냐하면 그대로 두면 공급사의 제품의 품질이나 생산실력도 향상되지 않으며 사용자의 입장에서도 사용하는 실력 또한 향상되지 않는다.

서로가 동반자라는 입장에서 원인을 명확히 하여 찾아내고 의심되는 부분에 대하여 개선을 실시하여야만 공급자의 입장에서는 타 경쟁업체의 경쟁자 등장을 막을 수 있고 자신의 제품의 경쟁력을 향상시켜 사용자의 운영능력도 향상되는 것이다.

특별히 원하는 품질을 확보하거나 공정한 업무 처리를 위해서 필요하다고 판단하면 각 item별 S+C문제의 경우 어찌 할지 사전에 그 프로세스를 구축해두는 것이 하나의 해결방법이다. 그리하여 공정하게 서로 협조하여 이러한 문제를 해결한다면 여러분은 같은 회사의 동료뿐이 아니라 거래처 직원들과도 신뢰가 쌓여서 향후 여러분 자신의 미래 가치를 높이는 人Fra를 구축하게 되는 것이다.

사례 21. 윗 분(높은 분)으로 부터 특정업체를 도와 주라는 지시 아닌 지시를 들었을 때

있어서는 안 되는 경우지만 회사생활을 하다 보면 간혹 못된 거래처의 경우는 윗사람이나 혹은 회사를 다니다가 나간 선배들을 통해서 지시 아닌 지시, 부탁 아닌 부탁을 하도록 해서 어떤 해당 업체의 편의를 주라는 말을 듣게 되는 경우가 있다.

이때에 살못 대처하면 당신은 당신의 상사와의 관계, 거래처와의 관계가 모두 안 좋아지는 사태에 직면할 수 있게 된다. 이런 경우에는 부탁을 들어주면서도 공정하게 일을 처리하는 방법을 고민해야 하며 필요시 조심스럽게 당신의 상사 혹은 멘토에게 문의하는 것이 좋다.

단, 너무 많은 사람이 이 상황을 알지 않도록 하고 조심스럽게 상사와 거래처의 입장을 배려하는 모습을 보여주는 것이 좋다. 분명한 것은 공정하고 투명하게 처리해야 하며 삼자(상사, 거래처, 당신)모두가 이로 인하여 자존심에 상처를 받지 않도록 해야 한다.

6. 설득

1) 부하 설득

가끔은 분명하게 맞는 것을 지시하는 데에 듣지 않거나 상사에게 반기를 드는 부하가 있다. 누가 보아도 명확하게 분명한 사실임에도 불구하고 자신의 주장만을 옳다고 우기는 부하를 어떻게 설득할 것인가? 회사의 일에 해당하는 것은 회사의 규정과 업무 프로세스를 통해 설득 하면 되므로 사실은 큰 문제는 아니다. 어려운 것은 예를 들면 규정이 있지 않고 사적인 일의 경우여서 오히려 부하에게 선택권이 있는 경우이다.

사례 22. 부하의 설득

예를 들면 이런 사례이다. 이번 주말 날씨도 추운데 부서 전체가 단합을 위해 북한산 등반을 가자고 하고 부장은 과장인 나에게 전원 참석하라고 지시했는데 '너 대리'가 자기는 추워서 싫고 등산도 싫어하므로 안 가겠다고 하니 이를 설득해야 하는 상황을 생각해보자. 이런 경우는 회사의 일도 아니고 규정이 있는 경우도 아니므로 강제로 할 수도 없다. 등산을 가는 것이 회사에 실질적인 도움이 되는 것도 아니고 강제할 명분이 없다. 여러분이 "나"과장이라면 "너"대리를 어떻게 설득할 것인가? 실제로 일본의 관리자 양성학교에 갔을 때 Role play를 하는데 문제로 나온 사례이다. 대부분의 학생들의 경우 설득을 포기하거나 아니면 그저 부서의 단합을 위해서 가자고 부탁하는 정도가 대부분이었는데 일본 학생들은 "나"과장이 되어 등산을 안 간다고 하는 "너"대리에게 무릎을 꿇고 눈물로 호소하는 것이 아닌가?

우리 전체를 위해, 나를 위해 너 대리가 힘들겠지만 양보해 달라고 부탁하는 걸 보면서 "아, 저렇게 까지 해야 하나, 차라리 부장에게 혼나거나 등산을 안가고 말지." 그것은 답이 아니다. 왜냐하면 그리 되면 부장의 지시를 이행하지 못한 것이 되고 나 과장은 열심히 아니 최선을 다하지 않는 사례가 되는 것이다. 이런 상황에서는 역시 진정성과 열정이 나 과장에게 요구되는 것이다.

2) 상사 설득

때로는 말도 안 되는 일을 해내라고 협박하듯이 일을 지시하는 상사가 있다. 그런 것을 모두 상사의 상사에게 고자질 할 수도 없고, 내가 다른 곳으로 전배를 가거나 하는 것으로 해결 할 수도 없다. 상사의 비 논리적인 어거지를 접할 때 어떻게 대처해야할까?

사례 23. 어거지 쓰는 실장

부서장이 출장을 가서 대신 실장 회의에 들어갔다.
너 실장: 야, 나대리 너 내가 제품 그렇게 만들지 말라고 했지, 왜 불량을 만들고 그래
나 대리 : 아닙니다, 저희가 일부러 만든 것이 아니고 그거 하나를 문제 없게 하려면 그 날 만드는 것 전체가 잘못 될 가능성이 커서 어쩔 수 없이 그리 했습니다.
너 실장 : 웃기지 말고 무조건 불량을 만들지 말란 말야.
앞 뒤 사정은 자세히 들어보지도 않고 무지막지 하게 야단을 치면서 하지마, 하지마를 반복했다.
회의를 마치고 '다'부장이 말하길 "나대리, 다음부터는 너 실장이 말씀하시면 무조건 '네 알겠습니다'라고 얘기해, 그래야 조용히 넘어가지 '너' 실장님 성격을 몰라서 그래"
나대리 : 아닙니다, 틀린 건 틀린 거라 전 그렇게는 못한다.
라부장 : 나대리, 다음부터는 알겠습니다 하고 난 후 나중에 다시 들어가서 '너'실장님에게 '사실은 이렇습니다' 하고 조용히 말씀드려 그러면 이해하실거야.

맞다. 어떤 갈등의 상황에서는 누구도 자존감에 상처가 나지 않는 방향으로 해결해야 하는 것이다.

3) 신규 업체

가끔 회사를 그만두고 사업을 시작하는 회사 선배들이 자재들을 납품하는 회사를 차리거나 혹은 기존 납품업체로 가서 새로운 Item을 갖고 와서 테스트를 해달라고 하면서 근무하는 후배들에게 부담을 주는 사례가 있다.

이 경우에도 무조건 거부할 수도 없고, 정에 이끌려 사정을 무턱대고 봐주는 것도 아이러니다.

이런 경우 역시 사규를 따르면 되고 사규에 해당하지 않으면 해당 아이템에 대한 업무 프로세스를 새로이 수립해서라도 모두에게 공정하고 open된 프로세스로 업무를 진행하여야 한다.

해당 업무를 진행하는데 있어서, 해당 아이템을 제작, 납품하려는 회사의 재무적 건전성, 제작능력, 테스트 추진 방법, 문제시 기술적 지도의 능력 등을 체크하여 프로세스를 진행한다고 설명해주면 단순히 무역업이나 타사의 것을 전달만 하려는 의도로 접근하여 신규 아이템을 부탁하는 사람들은 "아, 이건 안되겠구나." 하면서 물러나게 되고 나는 거절한 것이 아니라 업무 절차대로 했고 상대는 서운해하지 않고 조용히 물러나게 된다.

7. 상대의 Need 파악

생산부서에 근무하다 보면 현장(공장)의 직원들이 요구사항이나 불만에 대한 상담을 자주하게 마련 이다. 내가 바로 해줄 수 있는 일도 아니고, 바로 거절하자니 더 윗선에게 가게 되면 현장직원의 관리를 잘못했다는 소리를 들을 가능성이 크며, 또는 현장직원이 노동조합을 찾아가서 일이 좀 더 커지기도 한다.

사례 24. 작업지시 또는 작업표준에 대하여 긍정하지 못하는 직원

공장을 운영하는 부서에서는 현장에 작업지시를 보내거나

제품을 만드는 작업표준을 갖고 이에 따라 작업을 수행한다. 대부분의 현장 근로자들은 이를 준수하나 가끔 자기와 생각이 다른 이들이 있다. 자신은 그 방법 말고 다른 방법으로 작업해서 더 좋은 제품을 만들 수 있다고 주장하곤 한다. 실제로 작업지시나 작업표준과는 다르게 작업하였을 때 더 좋은 제품이 만들어지는 경우가 있다. 이런 사람을 어떻게 설득할 것인가?

우선 그 사람의 본질적인 Need에 대한 파악이 필요하다. 이런 사람의 경우 다른 의도를 갖고 표준을 지키지 않는 것이 아니라 자신을 실력이 있고 표준방법 외의 좀 더 편한 방법으로 하여도 우수한 제품을 만들수 있다는 높은 자존감을 갖고 있다.
이런 사람에게는 작업표준의 의미에 대해서 설명해주어야 한다.
물론 "너 주임의 방법이 틀린 것은 아니다. 그러나 회사는 어떤 사람은 100점 만점에 완벽한 제품을 만들고, 또 다른 그 주임은 60점짜리 제품을 만들면 평균이 80점인 것이다. 그러나 회사는 모두가 80점을 맞도록 표준화하여 기술이 내재화 되도록 하고, 4개조가 모두 80점을 맞으면 그 후 다시 작업표준을 고도화하여 90점, 100점으로 만드는 것이다."

예를 들면 네개 조 모두 고려청자 수준의 자기를 만들면 좋지만 우리는 대량생산하여 실용적인 도자기를 만들자는 것이고 그 전체 수준이 올라가면 나중에는 무결점 제품을 만들기 위해 노력하는 것이다.

그리하여 '너'주임의 자존심도 살려주고 전체 네개 조 모두 80%의 수행능력을 갖추도록 해야 공장전체의 경쟁력이 생기고 기술이 개인의 기술이 아니라 회사의 기술력이 되는 것이다.

사례 25. 실제 요구는 무엇인가?

어느 날 현장의 직원들이 목욕탕을 지어달라는 요구가 있어 계속 협의를 진행하고 있다는 직원의 보고를 받았다.
공장 전체에 목욕탕이 두 곳에 있는데 자신들은 거리가 머니 A,B지구 외에 C지역에도 자신들 만을 위한 목욕탕을 만들어 달라는 것이었다.
실제 가서 내용을 들어보니 A나 B목욕탕을 이용하는 사람들은 공장에서 일을 하다가 한번 이동하여(동료의 차량을 이용하던, 걸어가던) 목욕을 하고 그곳에서 통근 버스를 타고 퇴근 할 수 있었는데 C지역에서 일하는 근로자들은 일을

> 끝내고 목욕하고 통근 버스를 타기 위해서는 두번을 이동해야 하는 불편함이 있었던 것이다. 이의 대처를 위하여 통근 버스를 C지역에서 출발시키니 문제가 해결되었다.

C지역 근무자들의 요구사항은 목욕탕이 필요한 것이 아니라 두 번 이동하는 불편함에 있었던 것이다. 상대의 문제나 요구사항을 들었을 때 단지 겉으로 요구하는 내용만 볼 것이 아니라 그 내용에 있는 실제 Need가 무엇인지, 어떤 때는 요구사항을 말하는 본인도 자신의 진정한 Need가 무엇인지 모르는 경우가 많다. 따라서 상대의 말을 잘 들어주는 경청이 매우 중요하다.

어떤 때는 막 따지러 오거나 무엇을 요구하러 왔다가 자신의 이야기만 혼자 열심히 떠들고 나서는 다 해결하고 가는 경우도 많다. 따라서 문제나 불만을 들을 경우일수록 상대를 제압하거나 논리로 이기는 것보다 상대의 말을 진지하게 들어주는 것이 해결의 시작이다.

5부

직장 생활

장점
단점
그리고 내가 직장 생활을 선택한 것은?

직장 생활의 특징

1. 직장 생활의 장단점

사업을 하는 후배와 나눈 이야기이다.

"나는 회사 일하면서 하루 16시간은 일하는 것 같다. 거의 잠자는 것 빼고."

"형, 나는 하루 25시간 일해."

실제로 사업을 하는 사람은 하루 하루 거의 모든 시간, 심지어 잠자면서도 일을 한다.

단순히 일(회사 업무)만이 아니라, 경영에 관계되는 모든 일에 대하여 늘 고민해야 하는 것이다. 마치 입시를 앞두고 24시간 고민하는 수험생처럼 말이다.

직장 생활을 택하는 순간 우리는 엄청난 부 보다는 안정적인 행복을 추구하는 것이다.

즉, 일해서 받은 급여를 통해 생활을 영위함으로 해서 위험도는 줄이고 안정적인 삶을 유지함으로서 행복을 추구하는 것이다.

직장 생활을 하게 되면 많은 돈은 아니나 때가 되면 정해진 월급을 받게 되며, 본인이 큰 문제만 없이 근무한다면 사기 향상 이던 회사에서 일을 더 시키기 위해서든 때가 되면 승진을 시켜준다. 이로 인해 자신의 성과에 대해 만족감을 느끼게 된다. 마지막으로 직장에 근무함으로 인해서 다른 곳에서는 얻을 수 없는 사람들과의 관계를 얻을 수 있다. 물론 그 관계에서 많은 갈등을 겪기도 하지만 신뢰를 바탕으로 한 우정과 비슷한 의식을 느껴 함께 한다는 의식을 느끼며 살아갈 수 있다.

직장 생활의 좋은 점 ①돈(급여), ②승진, ③만남(동료)

이에 반하여 직장 생활에서 자기 마음대로 할 수 없는 것들도 있다. 직장에서는 물론 연봉협상을 하지만 자기가 받고 싶은 만큼 마음 대로 받을 수 없는 것이다. 자고로 예로부터 일을 시키는 사람은 100을 주고 일의 성과는 120이 나오기를 원하는 것이다. 따라서 일을 할 때는 늘 나는 100이상을 해낸다는 목표를 세우는 '스트레치 타겟'[4] 기법을 활용하여 최대의 성과를 내도록 노력해야 한다.

그렇게 세운 목표를 100% 달성하지 못하더라도 여러분을 고용하고 있는 오너는 여러분이 스트레치하여 세운 목표의 80%만 달성해도 만족하여 여러분에게 합당한 보상을 어떤 식으로든 할 것이다.

두 번째는 여러분이 일하고 싶은 곳에 가서 일하고 싶은 사람과 일 할 수 없다는 것이다. 회사는 조직경쟁력을 최대화하여 최선의 결과를 얻기 위하여 노력하므로 여러분이 우수한 능력을 갖고 있다면 또 다른 곳으로 보내서 전체 경쟁력을 높이려 하기 때문이다. 여러분이 A type의 능력자여서 좋은 성과를 내고, B type상사를 A type이 되도록 하였다면, 회사는 두 사람을 떼어내어 또 다시 다른 곳에 가서 A type의 인재를 만들 수 있도록 할 것이다.

---

4 스트레치 타겟 : 점진적인 개선이 아니라 획기적인 도약을 위해 과감한 목표를 세우는 것

직장 생활은 자아실현을 하는 곳이 아니다. 많은 사람들이 직장 생활을 통해 자아실현을 한다고 생각하는 경우가 많은데 이는 의미의 모호함이 크다.

자아실현은 자신의 정체성과 자신의 이상을 향해 나아가면서 보람을 찾는 정도라고 한다면(직장 생활을 그렇게 할 수도 있겠지만) 실제 직장 생활은-결혼이 사랑하여 하지만 연애와는 다른 현실 생활인 것처럼-현실 그 자체인 것이다.

직장 생활을 하면서 회사의 성과를 위한 여러분의 능력이 부족하거나 실제 업무 결과가 없다면 회사는 현실적으로 여러분과 지속 가능하게 같이 계속 가지 않을 것이다.

회사가 여러분과 가는 방향, 지향하는 목표가 다르더라도 여러분은 회사의 성과를 내기 위하여 회사의 지침을 따라야 하는 것이다. 그래서 처음 회사를 택하고 직업을 구할 때 단순히 연봉만 보고 택할 것이 아니라 여러분의 인생관과 기업의 문화, 기업의 정신 등 그 지향하는 바가 같은지 알아보고 신중히 택해야 한다.

여러분과 회사의 지향하는 바가 다르고, 목표가 다르다면 어쩔 수 없이 회사의 방향을 따르지 않을 수 없다면 여러분이 할 수 있는 선택은 회사를 떠나는 것이다.

직장인이 유일하게 마음대로 할 수 있는 것은 사표를 제출하고 떠나는 것이다. 직장 생활을 하는 동안에 이런 부분에서 스트레스 받지 않고 살려면 회사의 문화, 정신과 맞추는 것도 중요하지만 최초 회사 선택시 나에게 맞는 회사를 고르는 것이 더 중요하다고 본다.

2. 직장 생활에서의 금기

1) 핑계

일을 하다 보면 실수도 하고 성과가 나쁜 경우도 발생하게 된다. 그럴 때마다 핑계를 대는 사람들이 있다. 특히 늘 아래 사람의 핑계를 대는 사람들이 많다. 가능한 지양해야 할 일이다.

핑계 대는 말은 대부분 '그'로 시작한다.

"그게 말이죠…"

"그런데요"

"그게 어떻게 된거냐 하면 말이죠"

"그러나, 그래서-" 등,등

가능한 질책을 받거나 안 좋은 성과를 보고 할 때 '그'로 시작하는 문장을 사용하지 않는 것이 말을 할 때의 요령이 될 수 있다.

사례 26. 늘 핑계 대는 너 주임

제품을 생산하다가 격외 (규격 외 제품)를 생산하여 비용이 추가되고 공장이 정지하는 사례가 발생했다.
너 주임: "그게 말이죠. 제가 들어와서 앞 반에서 생산하던 것을 인계받았는데 좀 이상해서 이리저리 했는데 잘 안 되더라구요."
나 대리: "아니 앞 반에서 한 것 말고 너 주임께서 조치한 것만 자세히 얘기하세요. 앞 반것은 앞 반에게 다 들었습니다."
너 주임은 문제가 있을 때마다 늘 이런 식이었다.
너 주임은 후에도 이런 일이 반복되어서 다른 업무를 줄 수밖에 없었다.

어떤 과오를 했거나 실수했을 때는 솔직하게 자신의 실수를 인정하고 책임지는 자세가 오히려 여러분을 도와주는 것이 될 것이고 실수는 다음 기회에 만회하면 되는 것이다.

그리고 재발하거나 반복되지 않도록 주의를 기울이면 오히려 발전하는 계기가 되고 책임지고 자기의 실수를 인정할 줄 아는 사람으로 인정받게 될 것이다.

2) 아부와 뇌물은…

간혹 보다 보면 상사를 향하여 아부를 하며 주위에서 느끼기에 소위 말하는 느끼한 감정을 갖게 하는 경우가 있다. 과연 어느 정도가 아부이고 어느 정도가 존경심이며 예의일까?

최근에 어떤 CEO는 청바지 차림으로 나타나는 가 하면 어떤 장관은 자신의 차문을 열어 주거나 출근 시 나와서 인사하는 것을 하지 말라고 하며 권위주의를 없앤다는 말을 듣고 있다.

사례 27. 차 문 열어주는 것도 아부

사원 시절에 타 부서에 근무하는 동기와 함께 동기 부서의 부서장을 모시고 출장을 간 적이 있었다. 부장님이 택시를

> 탈 때 내가 문을 열어 드리고, 내릴 때에 문을 열어 드리고
> 사무실에 들어 갈 때 문을 열어 드리고 했더니
> 너 동기: "야! 너무 아부하는 것 아니냐?"
> 나 대리: "아니 나는 그냥 배운 대로 내 마음 가는 대로 하는
> 건데? 너 동기는 너 동기 느끼는 대로 하면 돼."

이 세상에 다른 사람으로부터 칭찬을 듣거나 예우를 받을 시 싫어하는 사람은 없다. 반대로 상대로부터 적절한 예의를 차리지 못하는 행동을 받거나 무시당했을 때 기분이 좋은 사람은 없다.

여러분 스스로 여러분 마음이 가는 대로 하면 된다.

한국이라는 사회가 예로부터 나이가 많은 사람이나 경험이 많은 사람을 존중하는 관습이 있고 이는 나쁜 것이 아니니 거기에 어느 정도 맞게 행동하는 것이 좋다.

여러분의 행동이 아부냐 아니냐의 기준은 상대방이 여러분의 하는 행동에 아부라고 느끼느냐 아니냐에 있는 것이며, 상대가 그저 일상적인 예의 차림이나 칭찬의 말처럼 여기면 이는 아부가 아니라 존중이며 예의인 것이다. 아부에도 스

킬이 필요한 것이다. 상대가 불편하지 않도록 예의를 차리는 기술이 필요하다.

뇌물은 써도 될까?
뇌물과 선물의 기준은 무엇인가? 소위 법적인 것을 얘기하려는 것이 아니며, 대가성이 있느냐 없느냐에 대한 것이 아니다.

뇌물(賂物) : 어떤 직위에 있는 사람을 매수하여 사사로운
일에 이용하기 위해 넌지시 건네는 부정한 돈
이나 물건 (Bribe, Backhander)
선물(膳物) : 남에게 어떤 물건 따위를 선사함. 또는 그 물건
(Present, Gift)

이상은 뇌물과 선물의 사전적 의미이다. 여러분은 평소에 가족이나 친한 친구끼리는 아무런 거리낌 없이 선물을 주고 받으며 이때에는 이것을 뇌물이라고는 조금도 느끼지 않을 것이다. 회사에서의 선물도 마찬가지다. 상대가 부담을 느끼지 않을 정도의 선물이어야 한다. 특히 단순히 돈을 주

고 사는 것 보다는 정성이 담겨 있는 것이 좋다.

자신이 직접 만들거나 혹은 직접 키운 것 등을 윗사람께 선물한다면 여러분은 윗 분에게 관심을 갖고 존경하는 태도를 보이는 부하직원이 될 것이고 귀여움을 받게 될 것이다.

단, 너무 자주, 너무 지나친 아부와 선물을 하여서는 상대가 성가심, 부담감을 느끼게 되므로 주의해야 한다.

3) 뒷담화

시대적인 분위기와 최근에는 팬더믹의 영향으로 회식을 하는 경우가 많이 줄어 들었다.

예전에는 거의 매일, 혹은 적어도 주1~2회는 직장 동료들 간의 회식을 하곤 했다. 윗 사람이 같이 참석하는 자리가 아닌 한 사석에서 윗사람에 대하여 이야기 하는 것이 당연시 되었다. 우스갯 소리로 농담 반 진담 반 윗사람이 함께 참석하는 회식 끝무렵에 말하길

"아, 이제 안주가 다 떨어져 가니 부장님 먼저 가시죠?"

부장님 가시고 나서 부장님을 안주 삼아 씹을(뒷이야기) 테니 먼저 가라는 농담이다. 그만 큼 뒤에서 윗사람 얘기하는 것이 당연시(?) 되었다. 요즘은 SNS나 블라인드 등에서

그런 것들을 이야기하고 특히 회사별 블라인드에서 한 번 누구누구에 대해 이야기가 나오면 회사 전체에서 그 사람이 어떻다고 소문이 나게 된다.

회사에서 가능하면 안 하는 게 좋은 것이 남에 대하여 헐뜯는 것이다. 이는 자신에게 다시 욕이 되어 돌아와서 결국은 그런 이야기를 시작한 사람이 손해를 보게 된다.

내가 헐뜯는 소리든, 누구를 험담하는 소리를 할 경우 이를 듣고 있던 사람이 내가 험담하는 대상의 사람과 친한 사람일 수도 있고 오히려 듣는 이가 그 이야기를 전하게 되어 나만 손해를 보는 경우가 생긴다.

설령 조직 밖에서 전혀 상관없는 사람과 나눈 대화도 언젠가는 부메랑이 되어 나에게 돌아온다. 익히 아는 속담이지만 발 없는 말이 천리 간다고 한다. 못마땅한 사람이 있다면 그 사람은 왜 그럴까 생각해 보고 나는 그 사람처럼 하지 말아야겠다는 반면교사로 삼으면 되는 것이다.

내가 하는 남에 대한 험담을 마주 앉아 직접 들어주는 사람이 설령 내 이야기에 동조를 하더라도 속으로는 '저 사람이 다른데 가서는 내 욕을 하겠구나' 생각하며 나에 대한 이미지만 나빠지는 것이다.

사례 28. 나쁜 이야기는 나중에?

회사 생활을 하는 동안 근 10년 이상을 공식적인 자리 외에도 사적으로 자주 찾아가서 일에 대하여도 물어보고 이런 저런 사담을 나누며 자주 Tea time을 하던 분이 계셨다.

나중에 다른 사람에게 들으니 그 분이 나에 대해서 그리 좋게 얘기한 것이 아니라 소위 말하는 뒷담화를 많이 했었단 이야기를 들은 순간 10여년 그 분에 대한 존경심과 애정을 가졌던 내 자신이 초라해지고 꼭 친한 친구와 헤어진 것 같은 허탈감이 들었다.

반면에 그것을 안 순간, 그때 바로 말하지 않고 참아준 이에게는 오히려 고마운 마음이 들었다. 그가 그 사실을 안 순간 바로 내게 이야기했더라면 훨씬 더 이전에 나는 그 분에 대하여 실망감을 느끼고 그 분으로 부터 받은 많은 코칭과 도움을 받은 기회도 잃었을 테니깐.

누구에 대해서 이야기하려면 항상 그 누군가가 나라면 이 이야기가 어떨까 하고 먼저 생각해보면 답이 나올 것이다.

4) 이야기 하지 말아야 할 것들

직장에서는 다른 사람들이 볼 때 업무능력은 있으나 정

치, 종교적으로는 색깔이 없는 것이 좋다. 특히 한국사회에서는.

사람을 있는 그대로 평가하기 보다는 하나의 흠집이 있으면 저 사람은 이래서 저래서 어디 출신이어서 종교가 무엇이어서 그렇다는 등의 이야기를 많이 한다.

가능한 한 정치적 식견에 대해서는 이야기 하지 않는 것이 좋습니다. 당신이 더 높은 위치에 있어서 듣는 상대는 말하기 곤란하여 의견을 말하지 않아도 실제는 당신과 다른 식견을 갖고 있다면 당신에 대한 이미지가 나빠질 것이고 다른 사람에게 가서 또 그것을 전달 할 것이다.

우리는 입사할 때 정치적인 부분은 기록하지 않으나 종교에 대해서는 표기하게 되는데 이 부분도 조금은 의아한 부분이 있다. 왜 굳이 종교를 기록해야 하는지 물론 나쁜 것은 아니나, 반대로 문제를 삼는 경우가 생겨 차별을 받을지 우려가 되기도 한다.

사내에 종교 동아리가 있는 경우도 많지만 내가 믿고 있는 종교를 갖고 이의 행동으로 다른 사람에게 부담을 주게된다면 본인에게도 별로 도움이 되지 않을 것이다. 다만 내가 어떤 특정 종교를 갖고 있다면 직장에서 자신의 언행심사를 조심해서 해당 종교에 대한 이미지나 나 자신의 이미지에 손상이 없도록 해야 할 것이다. 그렇게 하는 것이 쉽지 않다면 자신의 종교적인 정체성을 나타내지 않는 것이 오히려 손해가 되지 않을 것이다.

또 한가지 삼가하여야 할 부분은 가정사에 대한 것인데 특히 무슨 이야기를 하면서 우리 와이프가, 우리 아들이- 하면서 이야기하는 사람들이 있다.

사례 29. 사적인 전화는 너 혼자

어떤 사람은 남자가 집안일을 모두 주관하는데 핸드폰(휴대폰)이 일상화되기 이전에 툭하면 집에서 전화가 온다. 때로는 아무것도 아닌 사소한 일에 대하여 와이프와 대화하기도 하고 때로는 집안일에 대하여 논의하다가 다투기도 한다. 한 번은 집을 세놓는 일을 가지고 회사 전화를 이용해서 일 처리를 하는 것을 목격한 적도 있습니다. 회사 전화를 이용해서 사적인 일 처리를 하는 것은 공사를 구분하지 못하는 처사이다. 게다가 이런 대화 내용이 다른 직원들에게 들리게 되므로 근무에도 영향을 주고 좋은 이미지를 갖게 되기 힘든 것이다.

대화에서 정치, 종교, 가정사에 대해서는 삼가하는 것이 좋다. 아주 특별한, 필요가 있는 경우가 아니라면 말이다.

3. 출장

출장을 가는 목적은 여러가지가 있을 수 있다. 회사의 기술에 대한 습득, 업무협의, 제품이나 설비에 대한 실사 등 여러 가지가 있다.

엔지니어의 경우는 내 기술을 업그레이드하기 위해서는 남들은 어떻게 하는지 보는 것이 매우 좋은 방법이 된다.

출장을 가는 경우는 우선 그 목적을 명확히 하여야 하며 무엇을 보고 올지에 대한 것을 명확히 해야 한다. 이를 위해서는 출장 전에 사전 준비를 철저히 해야 한다. 가기 전에 같이 가는 사람들끼리 사전 미팅을 통하여 각자 역할을 분담하여 사전 자료 조사를 하는 것이 유용한 방법이다.

출장기간 동안의 스케쥴을 잘 구성해야 하며 또 일정관리를 잘해야 한다. 출장업무에 대해서는 회사의 메뉴얼 대로 하면 되고 여기서 이야기하고 싶은 것은 출장 중에 일에 집중하는 것도 중요하지만 틈을 내서 관광과 현지 체험을 하라는 것이다.

물론 당연히 업무가 최우선이고 쉬는 일정을 감안하여 자신들의 경험, 견문을 넓히라는 것이다. 물론 요즈음은 개인별 해외여행도 쉽게 가고 정보도 넘쳐 굳이 출장 가서 관광하려고 애쓰지 않아도 되지만 말이다.

관광을 하기 위해서는 업무를 집중도 있게 처리해야 가능하고 또한 하려는 의지가 있어야 가능한다.

사례 30. 출장 중 관광

비행기 편 일정 때문에 마지막 날 하루가 시간이 비고, 그 날 자정비행기로 귀국하게 되어있었습니다. 인도 델리에서 출발하는 비행기였다.
나 대리: 여기서 타지마할이 얼마나 걸리나요?
너 차장: 거긴 왜가 힘드는 데. 차라리 쉬지. 택시로 5시간이나 걸린 데. 왕복 10시간.
나 대리: 언제 또 인도에 출장 오겠습니까? 일부러 내 돈 들여서 오지 않는 한 이번 기회에 한 번 다녀오시죠.

> 그리하여 택시를 빌려 다섯 시간을 달려서 도착한 타지마할을 겨우 1시간 정도 보고는 다시 5시간을 달려와서 귀국길에 올랐다.
> "너차장"은 지금까지도 그때 "나대리" 덕분에 멋진 곳을 볼 수 있었다며 고마움 아닌 고마움을 이야기한다.

출장 가기 전 업무준비 이 외에 어떤 볼만한 것이 있는지 알아 두는 것이 좋다. 음식 또한 관광의 일부이므로 여행 시에 굳이 우리나라 음식만 고집하지 말고 현지 음식을 먹어 보는 것이 좋다. 현지에서의 한국 음식은 사실 국내의 자재를 쓰기 어렵고, 현지화하여 한국 내에서 먹는 것 보다 맛도 떨어지는 것이 사실이다. 속이 아프거나 문제가 있지 않는 한 가능한 현지 음식을 체험해보는 것이 좋은 출장이 될 것이다.

4. 직장 생활과 사업의 차이

직장 생활과 사업의 가장큰 차이는 무엇일까?

1) 직장 생활은 사업만큼 큰 재산을 모을 가능성이 적다.
2) 직장 생활은 내가 모든 것을 책임지지 않는다.
3) 직장 생활은 자녀에게 물려 줄 수 없다.

첫 번째, 여러분은 사업대신 직장을 선택하는 그 순간부터 막대한 부(富), 즉 돈에 대한 가능성 보다는 적절한 급료를 받으며 안정적인 생활 속에서 안락한 행복을 목표로 선택한 것이다. 따라서 엄청난 부를 갖을 가능성은 그만큼 적어졌다. 물론 실패할 가능성도 그 만큼 줄였다. 따라서 연봉이 너무 적거나 부족하다고 판단할 경우 혹은 내가 일하여서 회사에 기여한 만큼 그 보상이 적더라도 지나친 불만을 갖는 것은 때로 여러분의 사기를 떨어뜨릴 수 있지만 스스로 감내해야 할 부분이다.

두 번째, 여러분이 혹 업무에서 실수하거나 성과가 나쁘더라도 여러분이 모든 것을 다 책임지지 않는다. 단지 여러분 개인의 업무성과에 의한 평가를 받을 시 점수가 낮아지거나 연봉이 적어질 뿐이지 그로 인하여 여러분의 가정이 여러분 자신이 망하게 되진 않는다. 어떤 면에서는 이 부분이 직장 생활의 장점이라고 말할 수도 있을 것이다.

사업을 하는 경우 실수를 하게 되면 그것이 치명적인 결과를 초래하여 회사는 부두나서 망하게 되고 직원은 일자리를 잃으며 가정은 가난으로 내몰리며 경영자 자신도 실직하고 심지어 영어의 몸이 되기도 한다.

세 번째, 큰 차이점은 직장 생활을 해서 아무리 높은 자리에 올라가도 자신의 일이 좋은 자리여도 그것을 자식에게 물려 줄 수 없다. 반면에 자기 사업을 하는 경우, 그것이 작은 가게이든, 농업이든, 어업이든, 건설업이든 업종을 불문하고 자녀가 원한다면 그것을 물려주어 그 일을 계속 이어서 할 기회가 생긴 다는 것이며 자신의 여건만 허락된다면 은퇴 없이 지속적으로 일을 할 수 있다는 장점을 가질 수 있다.

따라서 직장인은 자녀가 있는 경우 돈을 아무리 많이 모아 두더라도 자녀에게 일은 물려 주기 어려우므로 자녀가 무엇을 할 지,자녀에 대한 교육도 오히려 사업하는 이보다 더 신경을 쓸 수 밖에 없다.오히려 직장 생활하는 동안에 사업하는 사람 대비하여 더 열심히 일해야 하는 이유라고 설명한다면 모순일까?

선진국이 되어 산업, 경제구조가 고도화될수록 블루오션은 적어지며 부와 가난은 고착화되게 된다. 그만큼 직장의 선택, 직장 생활, 미래(자신의 미래와 자녀의 교육 등)에 대하여 더욱더 신경 써야만 하는 것이다.

여러분의 직장 생활에 의한 미래가치 향상이 자녀에게까지 영향을 준다고 할 수 있다.

6부

엔지니어

엔지니어란?
엔지니어의 의무는?

엔지니어(Engineer)

1. 제조업에서 엔지니어의 역할

 국가를 유지하기 위해서는 타국으로 부터의 안전을 보장하기 위하여 군대가 필요하며 또한 국민들의 생존, 즉 먹고 사는 문제를 해결하기 위해서 경제가 필요하다.

 국가는 국민의 생존과 복지를 책임지기 위해 국민으로부터 권한을 위임 받아 세금을 걷고 군대에서 근무하게 하여 국가를 지탱해 나가는 것이다.

 아니. 갑자기 무슨 국가, 군대이야기인가? 하겠지만 현대 산업사회를 유지해 나가는 것은 기술이며 이 기술을 뒷받침하고 발전시켜 나가는 사람들이 바로 엔지니어이다.

엔지니어가 무너지면 그 나라의 기술을 확보 발전시켜 나가지 못하게 되고 기술이 없는 산업국가는 경제 발전을 이룰 수 없는 것이다. 엔지니어를 영토전쟁을 하던 시기의(요즈음은 푸틴 같은 이상한 이가 나와서 영토전쟁을 하기도 하지만) 군대와 같다고 할 수 있다. 엔지니어를 홀대하거나 무시하는 제조업은 발전할 수 없다. 전해 들은 이야기이긴 하지만 일제강점기에 일본 군국주의자들도 학생들을 전쟁 터에 끌고 갈 때에도 이과생 들 특히 공대생들은 향후 전쟁에 지더라도 기술자가 있어야 하므로 데리고 가지 않았다고 합니다. 엔지니어는 자신의 경쟁력을 위해서라도 지속적으로 신기술에 대한 공부를 하여야 하며 신기술을 확보해야 한다.

사례 31. 엔지니어(Engineer)와 사이언티스트(Scientist)

너 부장: 엔지니어와 사이언티스트의 차이가 무엇입니까?
나 대리: 돈입니다.
너 부장: 맞습니다. 엔지니어는 노벨상을 타려고 학문을 연구하는 것이 아니라 돈을 벌기 위하여 일하는 것이기 때문에 엔지니어에게 중요한 것은 효율입니다.

경제의 원리가 과학과 결합하여 상품을 만들어 내고 이를 판매하여 이익을 창출하도록 하는 것이 바로 엔지니어링이다.

2. 엔지니어의 의무: 안전(Safety)

엔지니어는 제조업에서 제품을 만드는 공정을 담당하게 되면 그 첫번째 임무는 안전이다. 따라서 엔지니어는 안전 관리를 위해 최소한의 공부를 하여야 하는데 최근에 정부에서도 산업재해[5]에 대한 정책과 관심을 지속적으로 확대하고 있다.

엔지니어는 자신의 전공에 대해서 최고의 전문가가 되어야 하는 것은 당연한 Base이며 사람을 사랑하는 마음으로 안전에 대하여 각별한 관심을 갖어야 합니다. 가능하면 산업안전기사 자격증 정도를 딴다면 좋을 것 이다. 설령 자격증

---

5   산업재해 : 근로자가 업무에 관계되는 건설물, 설비, 원재료, 가스, 증기, 분진 등에 의하거나 작업 또는 그밖의 업무로 인하여 사망 또는 부상하거나 질병에 걸리는 것. "산업안전보건법 제2조"

을 취득하지 못하더라도 해당 내용을 공부하다 보면 안전관리에 대한 많은 부분을 알게 될 것이다.

사례 32. 산업안전기사

항상 안전에 대해서는 그저 기본적인 것으로 생각하고 생산에만 신경 쓰다가 안전이 국가적인 이슈가 되고 실제 중대재해를 겪던 중
너 사장: 안전에 대한 자격증 하나 없이 현장관리를 하는 것은 아이러니다.
이 말에 자극 받아 공부를 시작 했고 공부하면서 이 중요한 내용을 왜 그 동안 공장을 관리하면서 몰랐을까? 이런 것들을 좀 진작에 알았으면 그 많은 사고들을 막을 수 있었겠네. 실제로 그 동안 안전관리는 생산을 위해서 법적으로 해야 하는, 어쩔 수 없이 해야 하는 귀찮은 여별의 일로 생각하던 것을 깨우는 계기가 되었다.

안전에 대하여 제대로 교육받아 본적이 없었는데 이 기회에 제대로 교육을 받은 것이다.

엔지니어는 3가지의 관리 즉 3P를 관리 해야 하는데 그

중의 하나인 People(men)의 관리, 특히 사람의 관리에서 안전이 가장 기본인 것이다. 엔지니어는 안전을 기반으로 하여 생산, 품질, 원가의 세 항목에 대한 경쟁력을 확보해야 한다. 이는 3P(people, plant, product) 중 People에 대한 관리인 것이다.

3. 엔지니어의 의무 : QCD[6](Quality, Cost, Delivery)

팔고 자 하는 제품을 생산하기 위해서는 제품을 생산하기 위한 설비를 설치하고 공장을 건설하는 것이 우선되어야 한다.

일단 공장을 건설하기 위한 투자 계획이 확정되면 돈을 들여서 공장을 건설하는 기간을 최소화하여 최대한 빨리 제품을 생산하도록 하는 것이 엔지니어의 할 일이다. 그래야

---

6 QCD: 품질(Quality), 원가(Cost), 납기(Delivery)의 첫글자를 약자로 최저의 비용으로 최고의 품질을 갖은 제품을 생산하여 고객에게 적기에 납품하자는 것으로 영국 자동차 회사에서 처음 사용한 용어이다.

제품을 생산하여 판매해서 공사하는 동안에 들어간 자금의 회수가 가능해지는 것이다. 일단 생산이 되면 제품을 판매하는 가능성이 생기는 것이다.

제품이 생산되기 시작하면 다음 단계는 품질이다. 공장을 건설하여 제품을 만들게 되면 판매는 가능하나 품질이 고객의 Needs에 맞지 않는다면 그 판매에 한계가 있고 다른 경쟁자들에게 밀려 우리 제품이 소비자들로부터 외면 받게 될 것이다. 따라서 공장을 건설하고 시운전을 시작하여 제품이 생산되기 시작하면 다음에 주력해야 할 것은 경쟁사들과 겨룰 수 있는 양질의 제품을 생산해야 하는 것이다.

생산도 되고, 품질도 고객에게 인정받고 경쟁사 수준 그 이상의 품질이 나와서 판매가 잘 된다 해도 생산에 소요되는 돈이 경쟁사보다 많이 들어가서 그 제품의 가격이 더 비싸다면 이 또한 고객에게 우리 상품이 외면 받는 결과를 가져올 것이고 결국 돈을 벌지 못하고 공장은 문을 닫는 상황에 이를 것이다.

따라서 우리 제품이 경쟁력이 있도록 하기 위해서는 앞서 말한 안전을 바탕으로 한 생산, 품질, 원가가 가장 기본이 되는 것이다.

즉 SQCD(Safety, Quality, Cost, Delivery)안전을 기반으로 하여 양질의 제품을 최저원가로 생산하여 고객에게 전달하는 것이 엔지니어의 기본 책임인 것이다.

4. 엔지니어가 갖추어야 할 소양

논할 것도 없지만 엔지니어가 갖추어야 할 첫 번째 소양은 자신이 전공하는 분야에 대하여 그 누구보다도 앞서는 실력을 갖추어야 하는 것이다.

사례 32. T자형 인간

너부회장: 엔지니어는, 업무를 하는 사람은 자기 것을 누구보다 많이 알아야 하며 남의 것은 남 만큼 알아야 한다.

소위 말하는 T자형인간이다. 엔지니어는 자신의 맡은 것, 자신의 분야에서는 깊이 있게 상세히 알아야 한다. 전문적인 지식 그리고 해당업무에 대하여 깊이 있게 알고 있어야 하며 일반적 사항 및 관련 분야에 대해서는 폭넓게 알고 있어야 한다는 것이다.

자기분야에 대해서 깊게 아는 것은 자기자신의 노력만으로 Study하여 갖출 수 있는 소양이지만 내 분야가 아닌 것에 대해 아는 것은 특별한 관심을 갖지 않거나 다른 사람과의 Network가 없으면 갖추기 힘든 것으로 자신의 노력에 더불어 다른 분야의 일을 하는 사람과의 소통과 관계가 필요한 것이다. 즉 엔지니어는 자신의 전공분야 외에 다른 것까지 알기 위해서는 다른 분야에 대한 지식 뿐만 아니라 다른 분야 근무자와의 인간관계도 필요한 것이다.

엔지니어는 T-자형 인간이 되어야 하는 동시에 거기에 덧붙여 인문적 소양이 필요하다. 엔지니어가 자신의 전문 분야에 대한 실력, 자신과 먼 관계에 있는 분야에 대한 폭넓은 능력을 갖추기도 어려운데 어떻게 인문적 소양까지 갖출 수 있는지?

이를 위한 방법은 앞서 강조한 독서에 의해서 가능하다. 자신의 평소 관심 분야 외에 부족한 지식이 무엇인지 자신의 상황을 파악해 거기에 보완이 필요한 분야의 지식이 무엇인지 알아야한다.

그 분야의 최소한의 지식을 갖을 수 있도록 책을 읽어서 인문적 소양을 갖추어 미래 가치를 높여야만 리더의 소양을 갖춘 것으로 인정받을 것이다.

리더후보가 되기위해 갖추어야 할 자격
1. 자기 분야의 최고 전문가
2. 무난한 인간관계
3. 업무분야 외의 풍부한 소양

5. 엔지니어는 현장에서 답을 찾아야 한다

요즈음은 컴퓨터에 의한 공장자동화[7]가 워낙 잘 이루어져 있어서 현장 혹은 공장에 나가지 않아도 현재 일어나고 있는 모든 일을 파악할 수 있는 것이 사실이다.

---

7 공장자동화(Factory automation): 컴퓨터 시스템이나 산업로봇 등을 도입하여 무인화하여 제품 등 물건을 운반, 이송 및 생산하는 시스템.

이로 인해 실제 제품을 생산하는 현장이나 가동 설비에 잘 나가보지 않고 책상이나 집에 앉아서 엔지니어링 업무를 하는 소위 "책상 물림"식으로 일을 하는 엔지니어들이 늘어나고 있다.

물론 실적 데이터를 분석하거나 그를 통한 통계 등의 연구를 수행하는 경우는 굳이 현장에 가지 않더라도 충분히 업무를 수행하는 데 문제가 없을 것이다. 하지만 사람에 대한 안전, 설비 개선 및 실제품의 개선 등을 위해서는 실물을 보지 않고는 달성하기 어렵다. 실 제품을 만드는 현장, 사람, 설비 및 제품에 그 답이 있다는 것을 간과해서는 안된다.

사례 34. 생산성 개선

나 실장: 아니, 그 공장은 왜 그리 생산성 개선이 늦나요?
너 부장: 설비 상, 시스템 상 최대로 생산하고 있습니다.
나 실장: 아니! 부장님, 지금 몇주 째 계속 생산 목표 미달 아닙니까? 저랑 같이 현장 가서 무엇이 문제인 지 봅시다.
너 부장: 제가 직접 체크 해 보았고 데이터 분석에도 특이사항 없습니다.

실제 현장에 가서 본 상황은 생산한 제품이 다음 단계로 이송되는 과정의 소요시간이 길어 병목 구간이 발생하고 있었다. 생산시스템에는 문제가 없었으나 물류에 문제가 있었던 것이다.

앞서 언급하였듯이 엔지니어는 사이언티스트가 아니므로 효율 즉, 돈과 관계되는 업무를 하는 것이다. 군대로 치면 제조업 엔지니어는 야전군인과 같으므로 항상 현장을 확인해야 하는 것이다. 전쟁에서 아무리 공군, 해군이 폭격을 잘해서 적 기지를 섬멸해도 지상군이 투입되어 적을 모두 소탕해야만 최종적으로 전투가 끝나는 것처럼 말이다.

인생 PART 2. **Step 3 . 리더시기**

간부 : **팀장, 부서장, 임원**
정책결정 및 인사에 관여하며
CEO및 주요 보직 TOP 후보
인생 PART 3. 준비

자 여러분은 적응기, 주 활동기를 거쳐
조직의 리더가 된 팀장의 위치에 도달했다.

회사(조직) 생활에서 리더가 되는 것은
아무에게나 오는 것이 아니며 전체 구성원 중에서
10%이내 혹은 조직에 따라서는 그보다 훨씬 낮은
비율에 도달했다고 할 수 있으며 이제 정말
Top(임원 이상)이 될 수 있는 후보군의
첫 번째 Gate에 들어섰다고 할 수 있다.

이제부터 어떻게 해야 여러분이 리더기 기간을
길게 갈 수 있고 Top으로 가는 후보가 될 수 있으며
인생 PART3(제2의 인생)를 잘 준비할 수 있을지
이야기해 보기로 하자.

7부

리더(Leader)

———

훌륭한 리더란?
결과없는 리더, 실패한 리더는
평가의 대상도 아니다.

리더(Leader)

리더란 무엇인가?

리더(Leader) : 조직이나 단체 따위에서 전체를 이끌어 가는 위치에 있는 사람.

리더(Leader) : 어떤 조직이나 단체 등에서 목표의 달성이나 방향에 따라 이끌어가는 중심적인 위치에 있는 사람.

    리더에 대한 연구와 정의는 각종 리더십에 대한 책에서 많이 접할 수 있고 읽게 되지만 모든 견해의 공통점은 리더들은 어떤 스타일이던지 결과가 우수한 것이고 성공했다는 것이다.

    일단 성공한 결과를 창출한 사람들을 중심으로 하여 그들의 과정을 분석하여 무슨 형, 무슨 형 리더십을 갖춘 자라고 칭하는 것이지 실패한 사람들 중에서 리더를 찾는 경우는 보지 못했다.

실패한 사람은 아무리 그 과정에 있어서 출중한 것을 보여 주었어도 안타까워할 뿐이지 리더의 대상으로 선정되지도 못하며 평가의 대상에서도 제외된다.

1. 리더는 사랑이다

"지식백과"를 좀 더 상세히 보면 리더에 대해 정의 하기를 공식적인 리더, 이데올로기적인 리더, 위인설 또는 시대 정신설 등의 형태로 정의하고 있다.

올바른 리더십에 대하여 알고 싶다면 별도의 리더십에 대한 책을 찾아 보길 추천한다. 리더십에 대한 정보는 넘쳐난다.

여기서는 인생 PART 2의 Step 3에서 회사생활을 하면서 어떤 리더가 되어야 할 지 참고할 만한 리더 유형들에 대하여 이야기 하고자 한다.

이 세상의 누구나 인정할 만한 리더에 대해서 잠깐 알아보자.

"세종대왕, 이순신, 예수"

세분의 공통점은 자신이 대상으로 삼은 것(백성, 조국, 인류)에 대한 끝없는 사랑이다.

1) 세종대왕[8]

사례 35. 세종대왕의 백성 사랑

세종대왕은 몸이 좋지 않아 소갈(당뇨)을 앓았는데 신하들이 말하기를
너 신하: 전하 소갈에는 흑염소가 좋다고 하니 이를 드시도록 하소서
나 임금: 내 몸 하나 좋자고 그 귀한 짐승을 잡아 백성들에게 폐를 끼쳐서야 되겠는가?

---

8 세종대왕(1397~1450) : 본명은 이도(李祹)로 조선의 4대 임금이며 아버지는 태종이며 어머니는 원경왕후 민씨이다. 훈민정음(한글)을 창제 반포하였으며 조선의 모든 분야(천문, 농업, 예술, 무기, 의료 등)에 대하여 체계를 수립하고 정비하여 국태민안의 찬란한 황금시대를 열었다.

당시 흑염소는 중국에서 들어오는 귀한 가축이었다고 한다. 그것 한 마리 잡는 것 별것 아니지만 사사로이 임금 몸 좀 편하자고 백성들이 힘들여 키우는 귀한 흑염소를 먹지 않겠다는 것이었다. 이 외에도 흉년에는 백성들에게 음식을 만들어 길거리에서 먹이는 구휼의 일까지 임금이 직접 챙길 정도로 세종의 백성을 사랑하는 마음은 지극했다고 전해진다.

누구보다도 백성을 사랑하는 마음이 컸으므로 백성들의 안전하고 편안한 삶을 위하여 문화를 만들고 각종 제도를 정비하는 훌륭한 임금이 된 것이라고 할 수 있다. 그 근본의 마음이 바로 백성에 대한 세종대왕의 사랑이었던 것이고 그것이 세종대왕이 훌륭한 리더가 된 원동력이라 할 수 있을 것이다.

리더(임금)가 백성을 사랑하니 그 이하 모든 벼슬아치들도 백성을 사랑하고 이를 바탕으로 하여 세종이 만든 모든 제도가 정상적으로 운영되어 국태민안(國泰民安 : 나라는 태평하고 백성은 편안함)을 이룰 수 있었던 것이다.

2) 이순신[9]

사례 36. 이순신의 조국과 백성 사랑

명량해전 당시 단지 13척의 배만으로 포기하지 않고 왜군과 싸울 수 있었던 동기는 무엇일까? 물론 이순신 장군의 치밀한 전술이 있어서 가능한 것이었겠지만 그 바탕에는 조국을 사랑하는 그의 신념과 백성에 대한 사랑이 있었다.

칠천량 해전에서 패한 수군들을 다시 모으고 흩어진 백성들을 모아 농사를 짓고 다시 백성들을 군사와 함께 먹이며 전쟁을 준비한 그의 조국과 군사, 백성들에 대한 사랑이 없었다면 어려운 일이었을 것이다.

더더욱 이순신 장군의 조국에 대한 사랑과 백성에 대한 사랑에 대한 증거는 모두가 아는 대로 죽기 전의 한마디에서 그 절정에 이른다.

"싸움이 급하니 나의 죽음을 알리지 말라"

---

9 이순신(1545~1598) 조선의 무신으로 임진왜란 및 정유재란 당시 조선 수군을 통솔했던 제독으로 구국의 영웅이자 세종대왕과 더불어 한국 역사 최고의 위인이며 23전 전승의 전훈을 남긴 세계 해군사에 손꼽히는 최대 명장이다. '성웅(聖雄)'이라 일컬어진다.

> 자신보다 아군과 조국을 먼저 생각 한 것이다.
> 한산대첩이 벌어지기 전 임금의 의주 피난으로 고민하던 이순신에게 그의 어머니는 백성을 바라보라고 말한다. 임금이 먼 곳으로 갔다고 해서 임금을 지킬 수 없을 수도 있다는 우려를 넘어 너를 믿고 찾아오는 백성을 보고 전쟁을 이기라는 의미였다. 이순신은 어머니의 말을 듣고 다시 각오를 다지고 전투에 임하여 승리하게 된다.

여기서 여담 하나!

매일 기록하는 업무 일지 작성의 중요함을 강조하고 싶다. 이순신이 처음부터 완벽한 인물이었던 것은 아니다. 그러나 일기(난중일기[10])라는 기록을 통하여 하루하루 자기 자신을 성찰하고 그러면서 잘못된 것을 고치고 잘한 것은 다음 번에 이를 참고하여 더 좋게 하면서 계속하여 성장함으로써 강한 리더가 되고 위대한 리더가 되었다고 할 수 있다.

---

10 난중일기:충무공 이순신이 1592-1598(임진왜란 7년) 동안 군중에서 쓴 일기.2013년 유네스코 세계기록유산으로 등재되었다.

여러분의 미래가치를 위해서는 하루의 계획을 세우고, 그 과정과 결과를 확인하는 것이 여러분이 미래가치를 높이는 지름길 인 것이다.

3) 예수

예수는 30년간 인류의 불행과 고난을 체험해서 자기가 시험을 받아 인류를 구원하고자 할 만큼 인류를 사랑하였다. 예수는 30년 동안 목수의 아들로 살면서 그의 부모를 섬기고 형제들을 살피어 사람에 대하여 배웠다.

그리고 그 사랑을 근간으로 하여 3년간 인류를 구하려는 사람으로 공생애를 다지고 십자가에 못박혀 인류의 전체를 대신하여 죽었다.

그리고 늘 다른 이들이 무시하던 약한 자들에 대한 자비에 관심을 갖고 누구보다 더 그들을 챙기시며 사랑하셨다. 이를 옆에서 지켜본 제자들은 그와 같이 사랑으로 그를 섬기는 동시에 사랑으로 많은 사람들을 보살폈다. 예수의 사랑의 리더십이 제자들과 그 후의 많은 크리스천 지도자들에게 전수되어 지금의 기독교의 사랑이 자리 잡게 된 것이다.

그러한 사랑의 리더십으로 인해 예수님은 원칙과 규제

(율법)보다는 사람을 더욱 중요하게 생각하고 도움이 필요한 누군가를 도울 때는 규칙을 깨고 스스로 위태로워지는 것도 감수한 것이다.

그것이 마지막인 줄 알면서도 십자가에서 죽음으로 인해 인류에 대한 사랑을 마무리한 예수의 사랑의 리더십이다.

2. 리더는 희생이며 솔선수범이다

리더는 뒤에서 부하들을 자신의 사람들을 앞으로 나아가도록 하는 것이 아니라 앞서나감으로써 그들이 따르게 하는 것이다.

사례 37. 패튼 장군과 롬멜

조지S. 패튼(위키백과)(1885~1945년) : 1943~1945년 북아프리카, 시실리, 프랑스, 독일에서의 전투를 지휘한 미국의 육군대장. 노르망디 상륙작전에서 큰 활약을 하였으며 프랑스 북부에서 하루 110km를 진격한 것으로 유명하다. 프랑스와 나치독일에 걸쳐 야전군인 제7군을 지휘하였으며 저돌적인 작전과 욕설을 잘 쓰는 것으로 유명하였다. 1945년 12월 자동차 사고로 독일 하이델베르크 병원에서 사망.

에르빈 롬멜 (1891~1944) : 2차 세계대전 당시 독일의 아프리카 군단을 이끌고 연전연승한 독일의 전쟁 영웅.
1차 세계 대전 시 프랑스, 루마니아, 이탈리아 전선에서 싸웠으며 2차 세계대전에서는 아프리카군단을 맡아 영국 군 전차부대와 싸워 연전연승. 열세에도 불구하고 영국군을 격퇴시키고 육군원수에 까지 오름. 히틀러의 학살행위 등에 반대하였으며 히틀러에 의해 음독자살로 사망.

한 때 영국수상 처칠은 "개인적인 평가를 한다면 그(롬멘)를 위대한 장군이라 말하고 싶다"라고 말할 정도로 그는 뛰어난 전술가이자 지휘관이었다.
패튼 장군이 전투가 지지부진하고 어려움을 느낄 당시 자신이 다닌 학교 스승에게 자신과 롬멜의 차이에 대하여 질문한 적이 있었다고 한다. 그러자 그 선생은 패튼에게 책상 위에 스파게티 한 가닥을 올리면서 말하길
너 교수: Mr패튼, 이 스파게티를 포크로 밀어보게. 밀어서 앞으로 나가게 해보게.

패튼이 스파게티를 포크로 미니 스파게티는 구부러졌다. 당연히 스파게티 가락은 앞으로 나아가지 못했다.
너 교수: 이제 앞을 잡고 당겨보게.
패튼이 스파게티를 잡고 앞으로 당기니 스파게티 가닥은 당연히 전체가 움직였다.
너 교수: 이것이 롬멜과 자네(패튼)의 차이일세.

이후 패튼은 롬멜처럼 모든 전투에서 병들과 함께 하며 항상 제일 앞에 서서 진격하였으며 2차 세계대전에서 혁혁한 공을 세울 수 있었고, 롬멜처럼 모든 병사들에게 존경받는 지휘관이 되었다.

사례 38. 위 워 솔져스(we were soldiers)

베트남전을 소재로한 2002년 헐리우드 전쟁 영화로 베트남 전쟁 초기 격전인 이아드랑 전투를 소재로 하였다. 영화 중 할무어 중령이 전투 전에 한 출정 연설의 한 문구이다.
"전투에서는 항상 내가 먼저 내리고 제일 늦게 복귀하겠다" 했으며 이 약속을 끝까지 지켰다.

할무어 : 베트남전에 첨전했으며 주한 미8군부사령관, 미7사단 사령관을 지내고 1977년 중장으로 전역. 2017년 사망.

영화 위 워 솔져스는 그가 쓴 회고록 제목의 일부 이기도 하다.

사례39. 이순신과 준사

영화 한산의 한 장면
준사: 이 싸움은 무엇입니까?
이순신: 의(義)와 불의(不義)의 싸움이다.
준사: 나라와 나라의 싸움이 아니고 말입니까?
이순신: 그렇다.
준사: 사천에서 보았습니다. 내가 당신을 쏘았습니다. 부하를 구하기 위해 나서는 당신의 모습. 그런데 나의 주군은 자기가 살기 위해 우리를 방패 삼더이다.

임진왜란 : 1592년 -1598년 2차에 걸쳐 일본의 침략으로 조선에서 벌어진 전쟁으로 1차를 임진왜란, 2차를 정유재란이라 한다.

준사 : 일본전국시대와 조선의 인물. 임진왜란 당시 조선에 귀순한 항왜(항복한 왜군)로 안골포 해전에서 이순신에게 항복하였다.

위의 사례에서처럼 리더는 솔선수범하며 자신이 이끄는 무리들에게 희생하는 모습을 보이도록 해야만 리더의 자격이 있다 할 것이다. 그리고 자신이 이끄는 집단에 대하여 책임질 줄 알아야 한다.

3. 리더는 결과로 평가 받는다

리더에는 소통과 화합 형 리더, 카리스마적인 리더 등등 여러가지 유형들이 있다고 말한다. 지장이 있고, 덕장이 있으며 맹장이 있다고 한다. 많은 리더십 책을 보면 마치 리더가 무슨 예수나, 석가모니, 마호메트처럼 성자처럼 되어야 하는 것처럼 묘사하는 듯한 느낌을 지울 수 없다. 그럴때마다 조금은 고개를 갸우뚱거리게 된다.

어떻게 사람들에게 인기도 좋고, 성품도 좋고 일도 잘 추진하고 그와 동시에 원리원칙을 잘 지키면서 좋은 리더가 되는 것이 가능할까? 그리고 결과도 우수하고... 참 어려운 이야기다.

어떤 이는 일의 성과보다는 과정이 중요하다는 말을 한다. 어떻게 성과보다 과정이 중요하단 말인가? 이는 가끔 과정은 무시하고 불법 혹은 비도덕적인 방법으로 성과를 내려는 사람들을 경계하기 위한 것이리라 생각한다.

다만 시대가 바뀌어 어떤 중요한 기준을 지키지 않으면서 일어나는 부작용과 문제에 대하여 과거에는 그것이 성과만 훌륭하다면 다 용서되고 잘한다고 생각했으나 이제는 그런 것이 용납되지 않는 것이다.

수년 전, 대한민국을 뒤흔든 세월호 사건이 있었다.

결론적으로 배가 도착하는 목적지에 대해서만 관심이 있었지 그들은 운행하는 과정에서 지켜야 하는 표준 수칙을 준수하지 않은 것이고 그 대가는 엄청난 인명의 손실로 나타났다. 작은 절차나 기준의 무시 하나가 엄청난 재난을 초래한 것이다.

사례 40. 맥아더와 아이젠하워

더글레스 맥아더(1880~1964) : 태평양전쟁 미군최고사령관. 일본을 공격하여 1945년 8월 항복시키고 일본 점령군 최고사령관이 되었다. 한국전쟁(1950~1953)때는 UN군 최고사령관으로 인천상륙작전을 지휘하였고, 중공군과의 전면전을 주장했으나 3차 세계대전을 우려한 미국 수뇌부, 및 트루먼 대통령과의 갈등으로 해임되었고, 대통령 예비경선에서 한국전쟁 종료를 내세운 아이젠하워에게 패배하였다. 퇴임식 중 국회에서 연설한 "노병은 죽지않는다. 다만 사라질 뿐이다"라는 말을 남긴 것으로 유명하다.

드와이트 데이비드 아이젠하워(1890~1969) : 제2차 세계대전 당시 유럽연합군 사령관으로 노르망디 상륙작전을 지휘하였으며 2차 세계대전 후 미국의 트루먼 대통령에 이어 제34대 대통령이 되었다.
사람들간의 갈등을 중재하고 타협하는 데 능했으며 이 점으로 노르망디 상륙 시 연합군을 지휘하는데 능력을 발휘하였으며 그 후 군인을 넘어 국가 지도자의 자리에 올랐다.

아이젠하워의 상관이었던 더글라스 맥아더는 자기가 만난 사무원 중 아이젠하워가 최고의 인물이라 평했다. 맥아더가 필리핀 근무 당시 아이젠하워는 소령으로 맥아더의 부관으로 근무하게 되었다.

맥아더는 늘 권위를 갖춘 명령과 지시로 일을 수행하였으며 아이젠 하워는 타협과 소통, 협력으로 일을 해 나가는 스타일이었다. 후일 아이젠 하워는 필리핀의 맥아더 휘하를 떠나 2차 세계대전인 유럽의 전쟁에 참전하게 되고 노르망디 상륙작전을 연합군 사령관으로서 지휘하게 된다.

노르망디 상륙작전은 여러 국가의 지휘관을 지휘해야 하며 그들이 서로 긴밀한 협조를 해야만 수행 가능한 작전이었다. 당시 기라성 같은 각국의 지휘관들(미국의 패튼, 영국의 몽고메리 등)을 서로 협조하게 하고 지휘해야 하는 것을 아이젠 하워는 소통과 협력, 중재로 잘 수행하며 2차 세계 대전의 승전을 이끈 것이다.

한편 맥아더는 태평양전쟁을 승리로 이끈 후, 일본 점령군 사령관으로서 일본의 항복을 받아내고 일본의 군사정치를 수행하는 최고 책임자의 역할을 훌륭히 수행하였다.

그런 가운데 1950년 6월 25일 북한군의 남침으로 한국전쟁이 발발하였고, 맥아더는 UN군사령관이 되어 한국전쟁을 지휘하게 된다. 한국군이 북한군에 패퇴를 거듭하는 가운데 맥아더는 인천상륙작전을 주장하였다.

그러나 맥아더를 제외한 대부분의 사람들은 인천상륙작전을 반대하였고 군산을 대안으로 제시했으나 맥아더는 자신의 주장을 굽히지 않았다. 그러는 사이에 북한군은 대구까지 진격하게 되고 더는 기다릴 수 없는 상황이 되자 1950년 9월 14일 맥아더는 인천상륙작전을 강행하게 되고 이를 성공시켰다.

맥아더의 경우는 자신의 자신감과 치밀한 전략에 대하여 자신의 뜻을 굽히지 않고 관철했으며 아이젠 하워는 모든 사람을 타협, 소통, 협력하도록 포용했다. 어쩌면 그런 차이에서 아이젠하워는 전쟁 영웅이면서 동시에 미국 내에서도 인기가 있어 대통령까지 되었을 수도 있다.

단지 노르망디 상륙작전과 인천상륙작전은 두 리더의 스타일이 완전히 상이했으나 두 작전 모두 대성공을 거두었다.

결과가 실패했을 경우는 아무리 훌륭한 성품을 지닌 사람이어도 리더로서 평가 받는 대상에도 오르지 못한다. 그러므로 모든 지휘하는 자리에 있는 사람은 법과 도덕이 허용하는 범위에서, 또한 자신이 하는 행위로 인하여 타인에게 손해를 끼치지 않는 범위 안에서 치밀한 작전을 세워 성공적인 결과를 만들어야 하는 것이다.

   손해와 희생은 모두 피해를 입는 것이지만 그 의미는 다르다. 희생은 자신이 하고자 하는 의지, 하고야 말겠다고 인정하고 실행한 임무 중에 발생하는 것이다. 반면에 손해는 본인이 원하지 않았음에도 타인에 의해 피해를 입는 경우이다.

   리더는 부하나 그 구성원에게 피해를 강요해선 안 된다. 특히 희생을 위장한 강요에 의한 손해를 입혀서는 더더욱 안 될 말이다. 리더는 Good Result(좋은 성과) 가 있어야만 평가의 시작, 대상이 될 수 있다.

4. 리더는 포기하지 않는다

   어떤 Project나 일을 하다 보면 이러저러한 사유로 난관에 봉착하여 포기하고 싶은 때가 종종 생긴다. 더구나 나 자신의 목표, 예를 들면 굳이 하지 않아도 되는 목표일 경우는 쉽게 그만두는 경우가 잦다. 아이템의 선정이 치밀하지 않으면 포기하는 일이 발생할 가능성이 커진다.

   어떻게 해야 적절한, 필요한 아이템을 선정할 수 있을까?

여러분이 인터넷 상에서 "아이템"이나 "아이템 선정"을 검색하면 대부분의 내용이 창업 아이템에 대한 것들이다. 그렇다면 회사에서의 업무 아이템은 어떻게 선정하는 것이 좋을까?

물론 회사의 사업 계획이나 혹은 상사의 지시에 의한 업무는 당연히 해야 하는 아이템인 것이다. 이러한 상부나 조직에 의해 정해진 것 외에 당신 스스로 선정할 아이템은 필요 없을까? 앞서서 이야기했지만 회사에서는 정해진 업무 외에 스스로 찾아서 하는 업무를 해야 하며 Study도 해야 한다. 또한 업무 일지를 작성하는 것이 좋다.

여러분이 스스로 Study를 하고 업무일지를 쓰고 업그레이드를 해 왔다면 아이템 선정은 자연스러워졌을 것이고 팀장급 리더 위치에 오는 순간 이 부분에 대해서는 인정받고 그 위치에 온 것이다.

아이템 선정 시
1) 이 아이템의 나의 조직(회사)에 기여도는 얼마인가?
2) 이 아이템을 내 조직은 수행할 수 있는가?
3) 이 아이템은 나의 미래가치를 높여 줄 수 있는가?

이 세 가지를 기본으로 하여 고려한다면 아이템 선정이 그다지 어렵지 않을 것이다.

이렇게 하여 선정한 아이템이 제대로 판단하여 결정한 것이라면 희생을 무릅쓰고서라도 반드시 달성해야 하는 것이다.

사례41. 세종대왕의 한글창제

세종대왕은 한글을 만들기로 하고 나서 수많은 이유를 들어 많은 신하들이 반대했으나 이를 수행하는데 있어서 끝까지 포기하지 않았다.

최만리(?-1445년. 세종27) : 조선 세종때의 문신. 고려 때 학자 최충의 후손.1419년(세종1)문과에 급제. 집현전 부제학이르렀다. 훈민정음(한글)이 발표된 후 이의 반대상소문을 올렸다. 부정과 타협을 모르는 기개로 청백리에 올랐다.

최만리는 세종이 한글을 이용하여 한문에 대한 옳은 개혁을 하려 하였으나 이에 대한 반대 상소를 올렸으며, 전언에 의하면 백성이 글을 알게 되면 다스리기가 어려워진다는 말을 했다는 설이 있다.
그러나 세종대왕은 뜻을 굽히지 않았으며
나세종 : "내가 만일 이 운서(음을 나타내는 책)를 바로 잡지 않으면 누가 바로잡을 것이냐!"하면서 동국정운(東國正韻) 사업을 실시하였다.

자신이 세운 계획이 필요하다고 판단되어 시행하는 것에 있어서 그것이 일단 옳다고 판단하면 시행한 이상 어떤 반대에도 불구하고 포기하지 않고 끝까지 실천한 것이다.

사례 42. 예수의 사명 수행

예수님은 항상 당신의 비전에 초점을 맞추고 제자들의 많은 실수와 박해에도 불구하고 예수님은 하나님께서 완수하라고 내리신 사명을 끝까지 수행했다.
자신이 십자가에 못 박히는 고통을 당하면서도 끝까지 인류 구원의 사명을 다하셨다. 그 가운데에서는 늘 끝까지 인류에 대한 사랑을 버리지 않으셨다. 그리고 제자들을 자신의 뒤를 이을 리더들로 준비하는 데 있어서 그들을 준비시켰으며 이 리더 양성에 대하여 포기하지 않으셨다. 그리하여 제자들에 의해서 그분의 과업이 한층 더 빛나게 되고 오늘날까지 그분이 이룬 리더십에 의한 사명이 계속해서 전해지고 있는 것이다.

사람을 끝까지 포기하지 않고 자신이 리더로 만든 인재들의 실수와 부정적 생각에 대해서도 부정하지 않으며 양성 교육함으로서 자신의 비전을 이루고자 끝까지 포기하지 않고 행하신 것이다.

사례 43. 정주영의 제철에 대한 비전

정주영(1915~2001) : 현대그룹의 창업자이자 초대회장으로 이병철 삼성그룹 회장과 더불어 한국 경제 성장의 전설적인 인물.

정주영 현대그룹 회장은 자신의 제철소에 대한 꿈을 이루기 위하여 포항제철소 이후 광양제철소 건설을 자신이 하기를 원했으나 시작해 보지 못했고 인천제철을 인수하여 그룹 내에 철강회사를 갖게 되었다.

이후에도 그는 제철소에 대한 비전을 버리지 않았고, 부산 가덕도에 제철소 건설을 검토하였으나 그 꿈을 이루지 못했다.

그러나 그 후 그의 후계자인 정몽구 회장에게 그의 꿈은 계속 전해졌고 정몽구 회장은 드디어 구 한보철강을 인수하여 모두가 힘들 것이라 했던 현대제철 당진제철소를 성공리에 건설하여 지금은 현대자동차 그룹의 소재 전문사로 성장하여 당진제철소, 인천공장, 포항공장, 순천공장 등 연간 총 2,400만 톤의 철강을 만드는 종합철강회사를 만들게 되었다.

제철소에 대한 정주영 회장의 포기하지 않는 꿈과 대를 이어 비전을 이루어내는 정몽구 회장의 의지가 세계 10위권 안팎의 민간 제철소를 운영하는 계기가 된 것이다.

정주영 회장이 자전적 회고록인 "시련은 있어도 실패는 없다."라고 한 것처럼 포기하지 않고 꿈을 갖고 계속해서 추진해 나간다면 "꿈은 이루어진다."라는 말처럼 반드시 그 꿈이 현실이 되는 것이고 리더는 한 번 품은 비전을 이루어 낼 때까지 포기하지 않아야 하는 것이다.

5. 리더의 안목

리더는 인재를 알아보는 안목, 시대를 읽는 안목이 필요하다.

사례44. 소하의 한신 천거

소하(~BC 193) : 중국 전한 때의 고조 유방의 재상. 한나라 유방과 초나라 항우의 싸움에서 관중에 머물며 유방을 위해 양식과 군병의 보급을 맡음.

소하는 아무도 한신 (유방을 도와 초나라를 물리치고 통일을 이루게 한 무신)의 가치를 알지 못할 때 그의 가치를 알아차리고 유방에게 한신을 천거하여 훗날 한신이 큰 공을 이루게 한다.

대부분의 사람들이 동일한 견해로 하나의 아이템이나 상황을 볼 때 다른 관점에서 접근하여 냉철하게 사람이나 상황을 보는 안목이 리더에게는 꼭 필요하다 할 것이다.

조직에서 같은 것을 같은 방향에서 보더라도 좀 더 세밀하게 살펴 그 진정한 가치를 볼 줄 알아야 한다.

요즈음 워라벨을 강조하고 여유로운 삶을 강조합니다만 이를 마치 일을 안하고 부를 축적하고 안락한, 풍요로운 삶을 누릴 수 있는 것으로 생각하는 기류가 있는 것 같다.

시대가 아무리 많이 바뀌어도 일 안 하고 대가 없이 거저 생기는 것은 없다. 내가 일한 만큼 받는 것이고 주는 사람은 내가 일한 만큼 혹은 나의 미래가치에 대하여 거기에 합당한 대우를 해주는 것이다. 그런 것을 반증하는 것이 주말에 누구나 쉬고 싶지만 주말에도 사람이 필요하기 때문에 어떤 기업에서는 금, 토, 일, 주말만 일할 사람을 따로 모집하는 것이고, 야간에 일하는 사람에게는 힘든 것에 대하여 돈을 더 보상해 주면서까지 일을 시키는 것이다.

최근에는 조용한 사직(Quiet quiting) 이라는 용어가 생겨 났다고 한다. 직장을 그만 두지는 않지만 정해진 시간과 업무 범위 내에서만 일하고 초과근무를 거부하는 노동방식을 뜻한다.

앞서 신입사원 시기에 직장 생활을 시작하면서 자신의 목표를 세 가지 중에 하나로 정해야 한다고 이야기했다.

1) 일정 기간 직장에서 일을 해 돈을 모아서 나가서 다른 일을 한다.
2) 정년까지 그럭저럭 일을 하면서 삶을 즐기며 업무 외의 영역에서 의미를 찾는다.
3) 임원 이상 최대한 승진하려고 노력한다.

위 세 가지 중에서 아마도 조용한 사직은 두 번째의 선택이 아닌가 생각이 든다. 콕 찍어서 나쁜 생각이라고 생각하지 않는다. 왜냐하면 직장 생활 이외의 부분에서 자신의 삶의 가치를 찾고 다른 방면에서 자신의 미래가치를 높이는 것 또한 의미 있으며 자신의 미래 행복을 확보할 수 있을 테니 말이다. 그러나 앞으로도 지금처럼 직장이 평생직장이 되고 한번 일하면 정년을 보장할지는 예측하기 쉽지 않다.

리더는 미래를 예측할 수 있어야 하며 현재의 시대 상황을 읽을 수 있는 안목이 필요하다. 시대상황을 알려면, 아니 미래에 대해서 알고 싶다면 역사에 대해서 알아야 한다. 역사는 반복되는 것이고 과거에 옳다고 여겨지던 것들 중 거의 대부분의 사람들이 옳다고 여겼었고, 지금도 타당하다고 생각하는 것들은 그리 쉽게 변하지 않는다.

그래서 격언도 있고, 속담도 있고, 과거 위인들에 대하여 계속되는 존경과 그들의 삶이 어떤 것인지 연구해보고 그들처럼 하는 방법이 없는지 노력하는 것이다.

이러한 미래를 보는 안목을 키우기 위해서 시간이 나면 틈틈이 고전을 읽어보는 것이다. 시대적 상황과 그 당시 인물들이 어떻게 어려운 난관을 헤쳐나갔는지 알고 싶으시면 다음 책들을 추천한다.

중국에 대해서 알고 싶다면, 사마천의 사기열전, 삼국지 정도의 책을 보시면 최소한 중국에 대하여 이해할 수 있으리라 생각한다. 서양에 대해서 조금이라도 알고 싶다면 로마사에 관한 책들을 읽어보면 도움이 될 것이다.

최근에는 유튜브 나 인터넷 등에도 많은 참고할 자료들이 있어서 그리 어렵지 않을 것이다.

특히 세계사나 한국의 역사에 대해서 개인적으로 이해를

한 후에 자신이 흥미있는 부분에 대해서 좀 더 자세히 읽어 보다 보면 앞으로 전개되어 나갈 미래에 대하여 예측하는데 도움이 될 것이다.

더군다나 중국과 일본 사이에서 위치하여 그 영향을 받지 않을 수 없는 한국의 리더들은 중국, 일본 그리고 미국에 대해서 만큼은 최소한의 정보를 갖고 있어야 시대를 바라보는 안목이 생길 것이다.

6. 리더의 가면

흔히 외유내강(外柔內剛:겉모습은 부드러우며 속마음은 단단한 심성, 겉은 부드럽고 안은 대단히 강함)이라고 들 말한다.

리더는 겉모습은 자상하고 부드러워야 하며 속은 강하여서 남들에게 포용력 있고 관용적으로 보여야 하며 일을 함에 있어서는 강한 추진력이 필요하다고 한다.

이 부분에 대해서는 조금 다른 의미가 있다고 보여진다. 리더는 외유내강해야 하는 것이 아니라 그리 보이도록 해야 한다는 의미로 해석된다.

부드러움이 필요할 때는 한없이 자애하고 웃음 지을 줄 알고 상황에 따라서는 강인함을 보일 필요가 있다는 의미, 즉 리더는 상황에 따르는 가면(假面)이 필요한 것은 아닐까?

부드러워야 하는 상황에서 강한 면만을 나타내면 인간적이지 못하고 구성원들이 주눅이 들어 사기가 떨어질 것이고 강한 모습을 보여야 하는 위기의 상황에서 그저 웃기만 하면 오히려 우유부단하거나 약해 보여 구성원들의 추진력을 약화 시킬 가능성도 크다.

리더는 자신의 감정을 그저 느끼는 대로 드러내는 것이 아니라 필요에 의해 절제하여 드러내는 가면이 필요한 것이다.

7. 리더의 생활

1) 리더들이 꼭 해야 할 행동 양식

팀장이 되어서 조직의 리더급으로 올라간 뒤로 이제 어

떻게 해야 할까?

   처음 팀장이나 부서장이 되면 많은 사람들이 걱정 아닌 걱정을 한다. 내가 제대로 할 수 있을까? 그 부분은 걱정하지 마십시오. 여러분이 하던 대로 하면 된다. 그 자리에 나를 둔 것은 내가 아니라 나를 평가하고 내가 그 자리에 있을 수 있으며 그 역할을 충분히 해낼 수 있으리라고 여러분의 윗사람이 판단한 것이다.

   혹 여러분이 잘못하더라도 그들(거기에 당신을 배치한 높은 사람)의 책임이므로 처음에는 어느 정도까지는 여러분이 잘하도록 코칭하고 이끌어 줄 것이다.

   물론 그럼에도 불구하고 몇 번의 기회를 주었는데 발전의 가능성이 없고 실수를 반복한다면 곤란하다. 그러나 그 자리에 갈 수 있다고 평가 받는 사람은 그렇게 큰 문제를 만들 가능성은 매우 희박한다.

   하던 대로 하고 원칙을 준수한다면 무난히 B학점(80점 이상) 정도를 받을 수 있다는 판단이 서서 위에서도 여러분을 거기에 배치했을 것이다.

   초임 리더들에게는 할 수 있다는 자신감이 그만큼 중요한다. 다만 우쭐대거나 거만하진 마시길...

기다림

리더는 기다릴 줄 알아야 한다. A-type의 상사가 늘 하던 말씀이 기억이 난다.

1) 어떤 일을 지시하고 나서 언제 보고 하러오나? 기다리기.
2) 어떻게 되어가고 있나 궁금한데 기다리기.
3) 부하를 교육 잘 시키고 싶은데 언제쯤 저 친구가 제 몫을 하나 기다리기.
4) 공장에 사고가 났는데 언제쯤 다되나 기다리기.
5) 보고서는 만들라고 지시했는데 언제 갖고오나 기다리기.

기다리는 게 가장 어렵다고 했다. 아마도 자식이 성장하길 기다리는 부모의 마음 나무나 곡식이 때가 되어 성장하길 기다리는 농부의 마음. 그런 것들과 일맥상통하는 것 아닐까?

리더는 다그치지 말고, 황금알을 낳는 닭의 배를 갈라서 그 이후로는 더 이상 황금알을 갖지 못하게 되는 우를 범하지 않도록 닭을 잘 키우고 아껴야 한다. 즉 부하직원을 아끼고 잘 교육하는 것의 가장 중요한 것은 기다림이다.

황금알을 낳는 닭이 매일 1개의 황금알을 낳는 것을 기다려야 하듯이 부모는 코칭하고 가이드라인을 제시하고 선생님을 구해줄 수는 있어도 부모가 직접 시험을 보거나 자녀의 삶을 대신 살아줄 수 없다. 리더가 부하의 일을 한두 번은 대신해줄 수 있겠지만 부하의 조직 생활을 대신해 줄 수는 없다. 교육하며 기다리는 것이 리더의 덕목이다.

물질

리더는 물질을 아껴서는 안된다. 낭비를 하라는 것이 아니라 물질을 쓸 때 아끼고 인색하게 하는 것을 자신의 조직원들이 알아서는 안 된다는 것이다.

팀장이나 부서장이 되면 부서 회의비나 업무 추진비를 사용하게 된다. 가끔 보면 그 돈을 자신의 권리인 양 통제하는 리더들이 있는데 그 돈은 조직원의 사기를 높이고 팀의 성과를 높이는 데 도움을 주고자 조직에서 팀장에게 위임하여 사용하도록 한 것이지 팀장을 위한 것이 아닌데 말이다.

자신이 직접 돈을 통제할 것이 아니라 팀의 차석 정도에게 그 사용 권한이나 내역을 맡겨두고 모자랄 경우나 더 필요한 경우만 이야기 하도록 하여 필요 시 보완해주면 되는 것이다.

어떤 팀장은 회식도 싫고 돈에 대하여 팀원들이 따따부따하는 것이 싫어 그 돈을 일률적으로 나누어 주는 경우도 있는 듯 한데 이는 조직의 단결, 융화라는 차원에서 별로 바람직하지 않다. 그런 것 보다는 팀원들이 회식을 싫어하면 이는 지양하도록 하고 돈을 두었다가 각 팀원들의 생일 때 선물을 사주거나 명절 때 등에 선물을 사 주거나 하면 훨씬 유용할 것이다.

생활을 하다 보면 조직원들의 경조사를 마주할 때가 있다. 이때 얼마의 돈을 축의금, 부의금으로 해야 할지 고민할 때가 있다. 만약 여러분이 직원 중 한 사람이 결혼을 한다고 할 때 5만원 할까 10만원 할까 고민한다면 생각할 필요 없이 10만원 을 하는게 좋다.

항상 누군가에게 무엇을 해주기로 이미 결심했으면 거기서 아까운 마음을 갖지 말고 여러분이 가능한 상황에서 더 많이 해주는 쪽으로 하여 받는 상대가 감동하게 하는 것이 리더의 너그러운 마음이다.

사례44. 예수님의 발에 향유를 붓다

마리아는 지극히 비싼 향유 한 근을 가져다가 예수의 발에 붓고 자기 머리털로 그의 발을 닦으니 향유 냄새가 가득하더라.(요한복음 12:1-11)
가룟 유다가 이르되 이 향유를 어찌하여 팔아 가난한 자들에게 주지 아니하였느냐. 예수께서 이르시되 그를 가만두어 나의 장례 날을 위하여 그것을 간직하게 하라. 가난한 자들은 항상 너희와 함께 있거니와 나는 항상 있지 아니 하리라 하시니라.

맞다. 리더가 부하에게 무언가를 베풀 수 있는 시기도 영원하지 않다. 그러나 여러분이 올바른 리더라면 여러분의 조직원이 리더에게 느낀 한 번의 감정은 계속해서 간직하고 생활하게 된다. 그러니 아래 사람에게 베풀 때는 여러분이 할 수 있는 만큼 최대한 베풀기 바란다.

그리고 베풀어 주지도 않으면서 말로 생색내는 일은 가급적 하지 말길 바란다. 이를테면 내가 도와주고 싶은데 이러저러해서...못도와준다? 오히려 가만이 있는 것보다 더 역효과가 난다는 사실을 명심하기 바란다. 여러분의 연봉에는 부하직원에게 맛있는 걸 사줄 돈도 포함해서 지급된 것이라고 여기길 바란다.

복장

과거에 사무실 근무하는 사람은 정장, 현장 근무하는 사람은 회사에서 단체로 주는 규정된 유니폼을 입는 것이 당연시되었으나 최근에는 사회적 변화(재택근무, 팬데믹, 세대의 가치관 변화)로 인하여 복장이 매우 자유로워 지는 추세다.

따라서 딱히 어떤 복장이 좋고 어떤 복장이 나쁘다고 논하기 어렵지만 팀장 혹은 부서장 이상의 리더라면 단순히 편한 것만 생각하기 보다는 자신의 위치에 걸맞으면서도 아랫사람이 보기에 너무 딱딱해 보이지 않는 복장이 무난하리라 생각한다.

아마도 그냥 단순히 표현한다면 자유로운 분위기의 복장에 어느 정도 품위가 반영된 복장을 하면 어떨까 싶다.

가능한 자신보다 윗사람이 생각하는 복장에 분위기를 맞추는 동시에 아랫사람들이 보기에 너무 권위적으로 보이지 않는 복장이 적절한 것으로 생각된다.

2) 리더들이 삼가해야 할 것들

모른다
모른다는 말을 쓰는 리더(?)들이 있다.

너 리더: "나는 모르겠으니 나 대리가 알아서 해."

이 말은 자신은 관여 안 할 테니까 네가 책임지라는 말이다. 이런 말을 듣는 순간에 구성원은 속으로 생각하길 "그럼 너는 왜 여기에 있는데. 저걸 팀장이라고 모시는 내가 한심하다."라고 생각하기 쉽다.그렇게 되면 다음에는 어떤 지시도 아랫 사람에게 먹혀 들지 않으며 조직의 성과는 떨어지기 마련이다.

정말 모르는 것이 있어서 하는 말이라면 모른다고 할 것이 아니라 서로 머리를 맞대고 고민하면 된다. 당신은 어떻게 이 문제를 해결하려고 하는데 라는 식으로 질문하는 것이 좋다. 그러면 자신을 존중하는 것으로 여겨 실수하거나 능력이 없는 직원도 자신의 의견을 말하게 되고 문제 해결에 한 발자국 더 나아 갈 수 있다.

야단치기

부하직원을 야단치면서 개인의 단점이나 예전에 잘못한 것까지 끄집어내는 경우가 있다. 그것도 반복해서.

사례 45. 과음한 직원에게

나 대리가 어제 과음하여 너 팀장에게 실수를 한 다음 날이다.
너 팀장 : 나 대리 어제 한 말 기억해?
나 대리 : 죄송합니다. 기억이 잘 나지 않습니다.
너 팀장 : 나 대리가 이러저러 했어. 불편한 게 있으면 마음에 안드는 것이 있으면 말하면 되지, 왜 술 먹고 나를 무시해?
여기까지 정도면 아무 문제 없이 훈계 정도로 끝나는데 또 다음날 출근해서 보니 어제도 나 대리는 술을 먹은 듯한 얼굴 표정이다.
너 팀장 : 어제는 별일 없었어? 지난 번처럼 또 실수한 것 아니야?

이런 식으로 상대의 실수에 대하여 반복하는 잔소리는 처음에는 실수한 사람이 자신의 실수를 인정하고 반성하지만 계속해서 반복된다면 반감이 생기고 여러분은 소중한 사람 한 명을 잃게 될 것이다.

꾸중을 하거나 야단칠 때는 분명하게 잘못한 사항, 그 일에 대해서만 이야기하고 개인의 사적인 부분을 이야기하거나 반복하지 않도록 하길 바란다. 그리고 야단치기보다는 코칭을 하길 바란다.

서로가 윈윈할 수 있는 방법을 찾아야 한다.

자신의 신념을 강요하기

회사 업무 외에 자신의 평소 철학이나 신념을 아랫사람에게 강요하지 않도록 유의하여야 한다.

특히 종교나 정치적인 부분은 개인마다 견해 차이가 있는데 이런 것을 자신이 옳다고 아랫사람에게 계속, 그것도 주입식으로 이야기하는 사람들이 있는데 참으로 안타깝다.

서로 생각이 같은 사람끼리라면 이걸 이야기하는 것이 오히려 상승 작용을 하기도 하지만 그 말을 뒤집으면 부작용도 훨씬 크다는 것이 되므로 삼가 하는 것이 좋다.

3) 리더의 앞날

조직의 규모에 관계없이 리더가 되는 것은 참으로 어렵

고 지난하며 힘든 길이다. 리더가 된 이후부터는 지금까지와는 다르게 동료들도 줄고 경쟁도 오히려 더욱 치열해진다. 따라서 그 가운데서 살아남고 자신의 경쟁력 뿐만 아니라 조직의 경쟁력을 키우기 위해서는 보다 큰 능력과 정신력이 필요하며, 그것에 따른 지속적인 배움과 노력이 필요할 수 밖에 없다. 팀장이나 부서장, 혹은 임원이 되었다고 해서 단순한 자리하나 차지하고 연봉이 올랐다는 뜻이 아니라 리더라는 엄청난 무게를 지고 가야 하는 것이다.

이순신 장군은 이런 말을 했다고 한다.

"장수는 늘 죽음을 등짐처럼 지고 사는 것이다."

그렇다. 리더는 늘 자기 자신의 경쟁력, 조직의 경쟁력에 대한 책임을 등짐처럼 지고 직장 생활을 하는 것이다.

앞서 이야기한 여러 가지 항목들을 짚어가면서 더욱더 성장하고 리더를 키우는 큰 리더가 되기를 바란다.

한국 경제계에 진정한 리더는 있었을까?

1960년대 이후 대한민국은 짧은 시간에 비약적인 경제발전을 이룬 것은 사실이다. 정부와 온 국민이 혼연일체가 되어 잘 살아보자는 신념으로 열심히 노력하여 경제발전에 이바지하였다. 정부 주도의 경제개발, 재벌 위주의 경제성장은 그 속도 면에서는 단기간에 발전을 이루는 원동력이 된 것은 사실이지만 많은 후유증을 낳은 것 또한 부정할 수 없다.

개발독재의 그늘에서 민주주의 정신이 무시되고 그 성장의 이면에는 공정한 절차, 올바른 원칙이 무시되고 성과 위주의 보상, 재벌위주의 경영은 제대로된 전문경영인을 양성하지 못했다.

재벌 위주의 경제성장 속에서 재벌 오너나 재벌가의 사람들에게만 인정받으면 높은 자리로 올라가고 정, 관계의 인맥들에 의하여 사업이 결정되고 그 성과가 좋으면 유능한 경영인인 것처럼 인정받아 온 부분이 없지 않다.

학연, 지연, 혈연 등에 의해 그 사람의 지위가 정해지고 별로 그다지 리더십도 없이 좋은 성과를 낸 사례들이 많았다고 아니 할 수 없다. 이러한 여건 속에서는 존경하고 따를 만한 리더십을 갖춘 멘토를 찾을 수 없다. 현재도 재벌 3세니 4세니 하면서 그들이 대한민국의 굵직 굵직한 기업을 이끌고 있는 상황인 지라 우리는 제대로 된 리더십을 찾기 위해서는 선진국 등 경영의 체계 또는 우리보다 더 틀이 잡힌 나라들에서 참다운 리더의 표상을 찾아 보는 것이 좋을 듯하다.

8부

인재와 조직

누구를 위한 인재를
어떻게 키우고
어떻게 활용할 것인가?

인재와 조직

어떤 인재를 데리고 어떤 조직을 꾸밀 것인가?

이는 어느 조직에서나 모든 리더들이 늘 고민하고 준비해야 하는 매우 큰 명제이다. 앞서서 상사든 부하든 A, B, C Type이 있다고 했는데 이는 인재를 분류하는 것이 아니고 그런 성질의 사람들이 있다는 것으로 인재에 대한 이야기와는 초점이 다른 것이다. 리더는 어떤 인재들을 선발하여 사용해야 하며 또 인재를 어떻게 육성해야 하는가? 조직을 위하여 최대성과를 내고 또 조직의 미래가치 향상을 위하여 어떻게 조직을 꾸려야 할까?

1. 어떤 인재를 데리고 일할 것인가?

인재의 사전적 의미는 "어떤 일을 할 수 있는 학식이나 능력을 갖춘 사람"이다. 내가 속해있는 회사의 인재란 우리 회사가 하는 일, 업종에 대한 학식이나 운영할 수 있는 능력을 갖춘 자라고 할 수 있는 것이다.

단순히 똑똑하다거나 학벌이 좋다고 해서 인재라고 할 수 있는 것이 아니라 우리 조직의 경쟁력을 높이고 성과를 낼 수 있는 가능성을 갖고 있으며, 미래에도 그 능력을 더 십분 발휘할 잠재력이 있어야 인재라 할 것이다.

다음에 언급하는 세 가지의 사례에 등장하는 인물은 모두 업무 능력에서 뛰어난 사람들의 이야기임을 밝혀둔다. 다만 이 세 종류의 사람들을 어떻게 잘 활용할 것인가가 리더의 선택이라 생각한다.

사례 46. 모든 일에 적극적이고 긍정적인 친구

나 팀장 : 힘들지 않은가? 이건 노조도 반대 할 것 같고.
너 사원 : 아닙니다. 문제없다. 노조에도 다 조치해 두었다.
회사 식당에서 식사 중 냅킨을 꺼내기 위해 손을 내미는 순

> 간 너 사원이 잽싸게 냅킨을 빼서 나 팀장에게 내민다.
> 나 팀장 : 아니 요즈음도 이런 친구가 있나?

그 후 나 팀장은 나 사원에게 모든 일을 맡기고 신뢰하게 되었다. 간혹 나 팀장을 아는 지인들이 "그렇게 사원만 너무 믿고 밀어주다보면 사고 치게 될 거다."라고 걱정, 고민을 해도 나 팀장에게 들리지 않았다. 그 후 계속 세월이 흘러 너 사원은 나 팀장 덕에 팀장이 되기에 이르렀다. 모든 일에 있어서 적극적, 긍정적으로 대처하고 시원시원하게 일을 처리해 나갔다. 나 팀장에게는 없어서는 안 될 팀장이 되었다. 그러나 결국에는 너 사원이(아랫사람이 있어서는 안 될) 불미스러운 일을 벌이고 말았다. 너 사원 역시 이에 회사 업무 프로세스를 준수하지 않고 일을 편법으로 처리를 한 것이 알려지게 되어 모든 조직이 곤란해지는 상황이 전개되었다.

사람을 그저 겉에 보이는 것만으로 잘한다고 판단하고 그 내면에 문제를 보지 못한 나 팀장의 실수는 "사람을 보는 눈의 실패"였다. 사람을 보는 눈의 실패라기보다는 모든 일을 척척 잘 해내는 직원의 경우도 무턱대고 믿고 맡기기만 할 것이 아니라 이런 스타일의 친구는 좀 더 처리하는 일의 디테일한 부분에 대해서 문제가 없는지 한두 번만이라도 살펴봤으면 덤벙덤벙 대충 일을 처리하지 않았을 텐데 무조건 한 번 잘 보았다고 계속 잘하리라 믿어준 것이 실수였던 것이다.

사례 47. 모든 일에 원칙과 기준을 들이미는 친구

나 팀장 : "너는 공무원이나 하지 왜 사기업에 취직해서 내 속을 긁는 거냐?"
너 팀원 : 무슨 말씀을 그리하십니까? 저는 원칙대로 기준대로 합니다. 뭐 문제 있습니까?

소위 말하는 유연성이라고는 하나도 없는 친구였다. 자신의 기준이 확고하고 가치관도 명확하여 입사할 때부터 자기는 일만 보고 일하지 다른 것에는 관심이 없다고 공언하던 친구였다.

사업 계획이나 생산계획을 수립하면 소수점까지 정확해야 하고 맞지 않는 부분이 있으면 밤을 새서라도 그 문제를 찾아내는 친구였다.

어느 정도 상황에 따라 넘어갈 것은 넘어가야 하나 무조건 원칙과 기준을 준수하다 보니 아랫사람은 안 해도 될 일을 해야 하는 피곤함이 있고 다른 부서와의 협조에서는 원칙에서 벗어나면 일이 원활하게 되지 않으니 고집이 세다는 말을 듣고는 했다.

코로나가 닥쳐왔을 때 마스크에 대한 일화가 있다. 회사에서 개인에게 마스크를 나누어주고 거기서 남은 것을 집에 가져다가 가족들과 사용하게 하는 것이 대부분의 직원들의 행태였다.

너 팀원은 회사에서 배분해준 자신의 몫이 남아돌아도 그것을 집에 가져가지 않고 가족들과 약국에 줄을 서서 구입해 사용하였다. 그게 그의 원칙준수라는 방식이었다.

사례48. 모든 일에 꼼꼼한 친구

나 팀장 : 야 너 과장. 이걸 모두 계산식으로 해놓으면 정확해지기야 하겠지만 시간이 너무 오래 걸리잖아.

> 너 과장 : 팀장님. 그래야 오류 날 가능성이 없고 정확해집니다.

급해 죽겠는데 모든 자료를 엑셀을 이용하여 계산식으로 링크를 해두어서 숫자 하나 고치는데도 시간이 생각보다 오래 걸렸다. 그냥 링크를 끊어내고 암산을 해서 숫자만 수정해도 될 일인데.

매사 정확해야 한다고 생각하는 너 과장. 물론 덕분에 나 팀장은 급히 만든 서류나 중요한 것에의 최종 검수를 항상 너 과장을 활용했다.

세 사례의 경우 세 사람의 공통점은 무엇일까?

조직에 대한 로얄티(Royalty:충성도)이다. 일을 빨리 하려는 의도나 원칙과 기준을 지키는 자세나, 정확하게 하려는 수고는 모두 일에 대한 열정이며 동시에 우수한 성과, 문제없는 성과를 내기 위한 조직에 대한 충성도이다.

리더는 이런 세 사람을 어떻게, 어떤 일에 사용할 것인가를 늘 생각하여야만 한다.

원칙과 기준을 준수해야만 하는 일을 대충 빨리 처리하는 친구에게 맡기거나 꼼꼼하게 정확히 해야 할 일을 속도에만 신경 쓰는 친구에게 맡기거나, 원칙과 기준을 준수해야 하는 일을 납기는 생각하지 않고 정확만을 기하는 친구에게 맡겨서는 제대로 된 성과가 제 시간에 나오지 않을 것이다.

리더는 인재의 특징을 파악해야 하고, 동시에 해당 아이템에는 어떤 스타일의 인재를 활용해야 할 지 고민해서 적재적소에 인재를 배치해야 조직이 경쟁력이 높아지며 그 성과 또한 우수하게 달성할 것이다.

2. 인재육성

앞서 얘기했듯이 일단 회사에 입사때는 기본적인 전공지식이나 개인의 인성, 향후에 계속 발전 가능한 사람들, 그리고 회사에 필요한 사람을 회사는 선발하는 것이다.

그러한 우수한 인적자원 들을 어떻게 인재로 양성 시키느냐가 리더의 할 일이다. 물론 회사 내에서도 시스템적으로 인재를 양성하는 방안을 운영하겠지만 인재의 육성은 실제 업무 중에 리더들에 의해서 육성되는 것이 가장 큰 부분을 차지할 것이다.

리더는 자신의 부하들을 신입사원 때부터 유심히 살펴 그가 무엇이 부족하고 어느 부분에서 보완이 필요한 지를 파악하는 것도 중요하다. 우선시 되어야 할 것은 잘하는 것이 무엇인지를 보는 것이 매우 중요하다.

1) 잘하는 것을 키우고 못하는 것은 보완하라

사람은 누구나 잘하는 것과 못하는 것이 있다, 완벽한 사람은 없다.

그런데 대부분의 사람들은 자신의 경쟁력을 높이기 위해서 자신의 잘못된 점, 나쁜 버릇 등을 고치는데 집중하는 경향이 크다. 자신이 못하는 것 나쁜 습관을 고치는 것은 매우 중요한 것이 사실이다. 그렇지만 자신의 단점을 고치는 것은 매우 어렵다. 왜냐하면 대부분의 단점은 자신도 모르게 서서히 조금씩 형성되어 자리 잡은 것이기 때문이다. 이를 고치기 위해서는 매우 힘든 과정이 필요하다.

자신의 단점을 고치기보다는 자신의 장점을 부각시키고

장점을 이용하여 경쟁력을 갖추는 것이 단점을 고치는 것보다 훨씬 효율적이다. 물론 단점을 고쳐야만 그 활용도를 나타낼 수 있을 경우는 당연히 고쳐야만 한다.

사람을 어떤 일이나 조직에 활용할 경우도 마찬가지이다. 그 일을 잘못할 사람을 데려다가 훈련하고 고쳐서 시키기 보다는 잘 할 수 있는 사람을 사용하는 것이 훨씬 용이하며 효율적이다.

한 사람의 잘못된 부분을 지적하기 보다는 잘하는 것을 칭찬하고 거기에 맞는 아이템을 줌으로서 더욱 큰 성과를 내도록 하고 그 방향으로 사람을 육성토록 하는 것이 리더가 해야 하는 인재육성 방법이다.

2) 두 번째 잘하는 사람과 일하기

대부분의 리더들은 누구나 가장 우수한 인재를 데리고 일하기를 원한다. 그러면 자기 조직의 성과도 좋아질 것이고 또한 편해지기 때문이다. 그러나 이는 단기적으로 혹은 지금 당장은 편할 수 있겠지만 멀리 보면 꼭 훌륭한 처사라고 보기 좀 그렇다.

잭 웰치의 말대로 우수한 10% 중 반은 내가 데리고 나머지 반은 다른 조직으로 보내서 거기서 가장 우수한 인재가 되도록 해야 한다고 말한 것을 기억 할 필요가 있다.

회사 내 조직에서는 가장 훌륭한 인재를 다른 곳으로 보내는 것이 필요하다. 가장 우수한 인재, 내가 가장 신뢰하는 인재는 아쉽지만 다른 곳으로 보내서 새로운 일을 익히고 그 조직에 집중하게 도와주는 것이 필요하다. 그 결과 그 직원은 리더의 부서 간 업무에 협조하여 나(리더)를 도와줄 것이며 동시에 자신도 성장하여 회사전체의 경쟁력도 향상 될 것이다.

가장 우수한 인재를 나 자신과 우리조직 전체를 위하여 다른 조직에 보내도록 하고 나는 남아있는 두 번 째 잘하는 사람을 다시 교육하여 우수한 인재가 되도록 해야 할 것이다. 그러면 나는 (리더)는 또 한 사람의 Top클래스 인재를 만들어 내고 나의 미래와 내 조직에 기여하는 것이다. 첫 번째 인재를 보내어 늦어지거나 성과가 부족한 부분은 당분간 리더가 메워서 일을 하는 희생이 필요하고 그 희생으로 인재를 육성하는 것이다.

3) 출장, 교육을 최대한 권장

어떤 인재, 어떤 구성원에게는 무엇을 장점화하여 육성하고 무엇을 보완해야 하는지 판단하여 교육을 시켜주어야 한다. 물론, 기본적으로 회사에서 하는 의무적인 교육이 있겠으나 리더는 그러한 기본 교육 외에 각 구성원의 업무와 장단점에 맞는 특성화된 교육을 받도록 배려하여야 한다.

사례48. 공장건설이 한창일 때 어학교육 간 나 대리

우리부장 : 나대리 일본어 어학연수 교육 좀 보내겠습니다.
너네 이사 : 무슨 소리야 우리 부장은 다들 공장건설로 바쁜 거 안 보이나. 양심이 있지 공사담당 아니라고 교육 보낸단 말인가?
우리부장 : 나 대리는 공사담당이 아니고 조업훈련 담당이니, 조업전에 일본 사람들과 같이 현장 직원들 교육해야 하니 일본어 교육 보내겠습니다.
너네 이사 : 나대리 일본어 할 줄 알잖아 그 정도면 될 것 같은데
우리부장 : 아닙니다. 현장교육하면서 통역하려면 지금 보다는 좀 더 잘해야 합니다.

그렇게 우리의 나 대리는 남들은 공장건설로 바쁜데 3개월 동안 일본어 어학교육을 다녀왔다. 그 이후 실제 현장 사람들의 해외 연수에 동행하여 통역을 하는 등 교육을 충실히 수행 할 수 있었다.

나대리가 일본어를 조금한다는 것을 파악해 이를 더욱 잘 하도록 교육받도록 하여 최대한 활용한 우리부장의 탁월한 인재육성 사례이다.

출장은 다다익선, 어디서든 배울 것이 있다. 인터넷도 발전하여 정보를 얻어서 보면 되지 왜 꼭 직접 가서 보아야 하나, 그리고 우리보다 못하는데 가서 볼 것이 뭐가 있겠어

사례 49. 중국 동종업체 출장

너 실장 : 이 사람아 요즈음 같은 인터넷 시대에 홈페이지 들어가면 모든 게 다 나오는데 무엇 하러 돈 들이고 힘들게 출장을 가나? 그리고 중국처럼 우리보다 못하는데 가서 볼 것이 무엇있겠나?

출장은 단순히 자료만보면 되는 것이 아니라 컴퓨터 즉 자료에 없는 부분이 많다. 또한 홈페이지에는 실을 수 없는 자료들이 많기 때문에 직접 방문해서 우리 눈으로 보고 메모하며 보는 것이 효과적일 때가 많고 출장을 가서 해당회사의 동일직종의 기술자들과 교류하는 것이 매우 효과적이다.

인터넷 시대 이전에는 삶의 경험, 일에 대한 경험이 많은 연장자들이 존중받는 사회였으나 요즈음은 웬만한 모든 정보가 인터넷에 다 있으므로 많은 분야에서 경험 많은 사람들이 무시되는 면이 없지 않은 것이 사실이다. 그러나 해당분야의 좀 더 깊은 관찰, 깊은 곳을 배우기 위해서는 직접 경험자들의 말을 듣는 것이 매우 효과적이다.

우리 회사보다 못한 회사일지라도 우리보다 뛰어난 것이 하나라도 있다는 것을 염두에 두어야 한다.

사례 50. 우리보다 못한 회사 출장

우리본부장 : 그래 중국 가서 많이 좀 보고 왔나

> 너 차장 : 중국은 형편없고 볼게 없었습니다.
> 우리본부장 : 너 차장, 이 사람아 아무리 못하는 곳도 배울 게 있지, 그걸 그리 간단히 말할 건 아니지.
> 너 차장 : 그들 수준이 워낙 낮았습니다.
> 우리본부장 : 앞으로 그 사람들 이기려면 어떻게 할 건가?
> 너 차장 : 특별히 거기서 보고 벤치마킹해서 할 건 없고요, 우리 나름대로 다시 준비해야 할 듯합니다.
> 우리 본부장 : 나 차장 중국은 우주선 쏘고 우주정거장도 짓고 있는 나라야. 이 사람아 우리 제품이 그들 제품 대비 무엇이 좋고 어떤 것 때문에 차이가 나는지 보면 견학 간 의미가 있는 거 아닌가? 비싼 돈 들여 며칠씩 다녀왔으면서
> 너 차장 : …

그렇다 우리보다 못하는 회사여도 최소한 그 회사가 어떤 부분에서 그 차이가 발생하는 것인지 아는 것만이라도 출장이 의미가 있는 것이다.

리더는 아래구성원들이 자신들 수준의 눈으로 남들의 것을 보고 느낄 수 있는 기회를 최대한 제공하여야 한다. 우리 조직과 개인의 발전을 위하여…

4) 인재의 수준을 분류하라.

앞서서 구성원을 A, B, C Type으로 분류해 보았다.

여기서 리더는 자기의 인재 Pool 구성원을 상, 중, 하로 구분할 필요가 있다. 리더 자신이 어디까지 올라갈지 모르나 최고의 자리까지 오른 다는 전제하에 자신이 마음에 두고 있는 인재들을 분류하여 필요 시 선택하여 활용할 준비를 하여야 한다. 물론 회사에서도 공식적으로 이러한 과정을 거쳐서 인재를 육성하겠지만 리더는 자기 자신만의 기준에 의하여 인재를 분류할 필요가 있다.

회사는 여러 가지 Tool에 의하여 회사 조직경쟁력을 확보하기 위하여 인재를 임원후보 - 팀장후보 등으로 분류하여 관리하겠지만, 리더는 각자 필요한 인재를 회사와는 차이가 있으니 이를 감안하여 거기에 맞추어 사람을 활용하고 조직을 구성할 준비를 해야 한다. 리더 자신을 보완하고 리더와 같이 경쟁력을 갖출 인재를 육성해야 한다.

3. 조직

조직이란 일정 단체의 운영 및 업무수행을 위한 지휘 및 명령계통의 통일을 기하고 그 소관업무를 하기 위한 구성이다.

조직을 구성하기 위해서는 우선 그 조직의 목적이 무엇인지를 명확히 설정해야 한다. 조직전체를 어떻게 구성하느냐는 많은 다른 정보를 보면 될 것이고 여기서는 조직의 경쟁력 강화를 위해서 인재를 각 조직에 어떻게 배분할 것인지에 대하여 얘기하고자 한다.

1) 선도 조직을 활용한 조직 경쟁력 강화.

나 실장 밑에 세 개의 팀 A팀, B팀, C팀이 있는데, 세 팀 모두 영업을 하는 팀이라고 가정해보자.

맡고 있는 조직전체의 최대성과를 위하여 최우수 조직(A팀)을 만들고 그들의 성과를 바탕으로 하여 다른 두 팀도 A팀 성과에 힘입어 뒤 따라서 같은 혹은 비슷한 성과를 내도록 하는 방법이다.

장점을 잘 활용할 시 조기에 많은 성과를 낼 수 있으나 오히려 선도조직인 A팀 외에는 사기가 저하되어 B,C팀은 오히려 저조한 성과를 낼 우려가 있다. 이를 보완하기 위해서는 리더는 A팀보다는 B,C팀에 대한 배려와 사기 진작이 필요하다 할 것이다.

이 방법은 지속적으로 쓸 수 있는 것이 아니며 단기간에 성과를 내야 할 경우에만 사용하는 것이 효과적이다

〈그림〉 선도조직의 구성

	A팀	B팀	C팀
팀장	1	2	3
차석	1	3	2
부서원	1	2	3
업무능력	1.0	0.8	0.6

2) 전체가 고른 경쟁력을 갖는 조직

선도 조직을 활용한 경쟁력 있는 팀 만들기는 앞서 말했듯이 단시간에 효과를 얻기 위한 것이므로 근본적인 나의(리

더)조직의 경쟁력 강화를 위해서는 전체 조직을 균형 있게 인재를 배분하여 운영하는 것이 바람직하다.

〈그림〉 균등 경쟁력을 갖춘 조직구성

	A팀	B팀	C팀
팀장	1	2	3
차석	3	2	1
부서원	2	3	1
업무능력	0.85	0.8	0.8

그래도 위 그림에서 보면 A팀의 업무능력이 가장 높을 것으로 예상 되지만 전체적으로 평균 0.8업무능력을 예상할 수 있고 이런 정도라면 팀장, 차석, 부서원 등이 상호보완하며 전체 팀의 성과를 높일 수 있을 것이다. 이때 리더는 각 팀의 우수한 인재보다는 C급에 해당하는 직원의 사기 향상에 좀 더 노력을 기울이는 것이 전체 팀의 경쟁력을 높이는 방안이 될 수 있다.

이 조직구성의 가장 큰 장점은 단기간 경쟁력을 확보하기 보다는 실장 밑의 전 조직의 팀을 천천히 그러나 아주 강하게 만들 것이며 회사 전체의 근원 경쟁력을 높일 수 있다는 것이다.

리더가 각 조직을 구성한 후에 이 조직을 잘 운영하기 위해서는 각 팀의 성과로 비교하기보다는 서로 간의 선의의 경쟁을 통하여 발전 하도록 하고 리더는 각 팀에 부족한 부분에 대해서 보완 코칭 해주어야 한다는 것이다.

특히 각 팀의 팀장들이 서로 과도하게 경쟁하지 않도록 코칭하고 팀의 성과와 리더로서의 부하직원의 능력 향상을 위해 노력하도록 해야 한다. 리더는 우수한 성과에 대해서는 반드시 보상을 해 주어야 하며 부족한 부분에 비판하기보다는 코칭을 해주어야 하는 것이다.

특히 C수준의 부하를 데리고 적당한 성과를 내면서 부하를 잘 육성한 팀장에 대해서도 적정한 보상과 칭찬이 필수적이다. 동시에 C급의 상사를 보완하여서 팀의 성과를 내고 자신들의 역량을 발휘한 팀원들에 대해서도 충분한 보상을 한다면 여러분의 조직의 성과는 배가 될 것이고 여러분 자신의 미래가치 또한 높아질 것이다.

9부

리더시기(팀장~임원)에 있는 리더가 알아야 할 것들

예전에 리더들은 비젼을 설정하고 목표를 세운 후 액션 플랜(Action plan)을 수립하여 그대로 움직여서 성과를 내면 훌륭한 리더이고 그 성과에 대한 보상으로 계속 근무하면서 성장 할 수 있었다.

그런데 요즈음의 리더들은 그런 성과와 관계없이 시대의 변화에 따라 다음 세가지에 대하여 반드시 알고 있어야 한다. 자신의 하는 일에 관계없이 어떤 위치에 있느냐에 관계없이 가장 기본적인 것은 알고 지내야 하는 세 가지가 있다. 짐작하겠지만 바로 안전, ESG경영, 탄소중립의 세 가지 아이템이다.

많은 정보를 통해서 익히 알고 있으리라고 생각하니 간단히 언급하도록 하겠다.

1. 안전

중대재해법의 시행으로 인하여 그 어느 때 보다도 안전에 대한 관심이 증가하는 가운데 안타깝게도 이태원에서 사고가 발생했다. 안전을 확보하기 위해서는 경영자와 근로자의 안전에 대한 인식 개선이 중요하다는 것이 안전 업무를 하는 사람들의 공통적인 견해이다.

영국은 1970년대 말 산업이 발전해 경제는 성장을 거듭하여 삶의 질은 향상되었으나 산업재해에 의한 사망이 적어지지 않아 고민하던 중 정부 노사 등이 모두 모여 그 원인을 조사하고 로벤스 보고서라는 보고를 내기에 이르렀고 거기에서 앞서 말한 경영자와 근로자의 안전에 대한 인식전환 그리고 각 종 법제의 단순화에 의한 안전업무의 강화로 산업재해를 대폭적으로 줄였다.

우리나라의 현재 산업재해 만인 사망률[11]이 매우 높은 편이다.

영국의 당시 수준과 비슷하며, 경영자와 근로자의 안전의식수준도 아직 낮은 것이 사실이다. OECD 38개국의 사고율이 0.29%인데 우리나라는 2021년 현재 0.43%로 두 배에 육박하고 있다. 정부는 이의 감소를 위해 향후 위험성 평

---

11 근로자 1만명 중 1년에 산업재해로 사망하는 비율

가의 시행 및 관리를 강화하기로 하였다.

리더들은 안전 업무를 직접 수행하지는 않지만 이러한 정책방향과 의의에 대하여 알고 있어야 하며 적극적으로 지원, 진행되도록 하기 위해 안전이 경영에 근간이라는 것을 인식하고 있어야 한다는 차원에서 간단히 언급해 보았다.

2. ESG경영

ESG[12]는 최근에 핫한 이슈라 대부분 알고 있을 것이라 간단히 설명하고 넘어가도록 하겠다.

기업의 재무적 성과(결국 돈을 말하며 기업이 얼마나 이익을 내고 있는 지)만으로 그 기업의 가치를 판단하던 전통적 방식과 달리 장기적 관점에서 기업 가치와 지속가능성에 영향을 주는 ESG등의 비 재무적 요소를 반영하여 기업을 평가한다.

---

12 기업의 비재무적인 요소를 이르는 것으로 환경(Enviroment), 사회(Social), 지배구조(Governmance)를 뜻한다.

과거의 전통적 방식에 의하면 기업이 이익만 내면 존재가 지속 가능했으나 최근의 경향은 아무리 이익을 많이 내더라도 환경에 악영향을 주거나 사회적 공헌이 부족하거나 하면 고객으로 부터 외면당하는 기업이 되며, 그 기업의 경영이 투명하지 않거나 비도덕적이면 역시 사회 각층으로부터 외면 받아 기업의 존재가 위협받을 수 있다는 기류를 반영한 것이다. 따라서 리더들은 이러한 의미에 대해서 최소한의 정보를 갖고 대응하여야 한다.

우리나라는 2025년부터 자산총액 2조원 이상의 유가증권시장의 상장사는 ESG관리를 의무화 하며 2030년부터는 모든 코스피 상장사로 확대될 예정이다. 따라서 향후 비재무적 친환경 사회적 책임 활동이 기업가치를 평가하는 주요지표로 자리매김하게 될 것이다.

3. 탄소중립[13]

　탄소중립 실행 방안은 이산화탄소로 배출하는 것 만큼 흡수하는 숲을 조성하거나 화석연료(석유, 가스, 석탄 등 기존의 에너지 원료)를 대체할 수 있는 무공해 에너지인 태양열, 태양광, 풍력 등 재생에너지를 사용하는 방법과 두가지 다 어려운 경우에는 탄소배출권이라 해서 이산화탄소배출량에 상응하는 돈으로 환산하여 시장에서 거래하는 것이다.

　향후 경영을 해야 하는 입장에서는 이산화탄소 배출 역시 회사의 수익과 직결되는 만큼 정보와 지식을 갖고 있어야만 한다. 이상에서 언급한 안전, ESG, 탄소에 대한 것을 21세기를 걸어가야 하는 리더들은 자신이 맡은 임무나 전공에 관계없이 필히 그 정보와 변하는 정책 등의 추이와 시장에서의 대응에 대하여 반드시 염두에 두어야만 지속적으로 리더로서의 영속성을 가질 수 있다.

13　탄소중립 : 이산화탄소를 배출한 만큼 이산화탄소를 흡수하는 대책을 세워 이산화탄소의 실질적인 배출량을 "0"으로 만든다는 개념이다.

인생 PART3를 위한 준비.

제2의 인생이란?
자 이제 여러분은 신입사원으로 시작해서 중간관리자인 업무 담당자의 시기를 거쳐 리더인 팀장~임원 시기를 거치고 있다.
여러분이 리더가 되어 지속가능하게 계속 성장 승진하여 CEO의 자리에 까지 오르더라도 어차피 직장생활의 마지막은 다가온다.
아쉽게도 직장생활이 끝나는 그 순간부터는 직장에서 한 것과 동일한 것을 하면서 살 수 없다. 퇴직 후부터 무언가 새로운 것을 시작 혹은 다른 돈을 버는 일을 하지 않더라도 인생은 꾸려가야 한다.
그러기 위해서는 여러분의 직장생활 말년에 무엇을 준비하는 것이 바람직할까?

10부

재테크

여러분이 직장 생활을 하면서 재테크에 신경 쓰지 않길 바란다. 차라리 그 시간에 여러분이 업무를 더 잘하고 여러분 자신의 실력을 높여서 승진하게 되면 회사는 충분한 돈으로 보상을 하게 되리라 본다.

예전에 많이 듣던 말 이었지만 요즈음에는 조금 어울리지 않거나 수긍하기 어려운 말 일 수도 있겠다.

그렇다면 결국 퇴직 후에 우리가 정상적으로 걱정 없이 살아가려면?

첫째, 건강해야하며

둘째는 할 일, 할 것-그것이 돈을 버는 일이던, 돈을 못 버는 일이든 생활을 영위할 시간을 보낼 아이템이 있어야 하며

셋째는 같이 지낼 친구(와이프이던, 소모임의 친구든, 가족이던 같이 지낼 사람)가 있어야 하며

거기에 덧 붙여 돈이 있어야 한다는 것이다. 그러기 위해서는 직장에서 돈을 벌 때에 저축을 하던지 재테크를 하던지 해서 퇴직 시에는 어느 정도 돈을 가지고 있어야 한다.

많은 직장인들이 여러 가지 재테크를 한다. 앞서서도 예전에 듣던 말을 예시로 들었지만 재테크 보다는 우선 여러분

의 직장 내에서의 경쟁력을 확보하기 위해서는 업무수행 능력이 우선이라는 전제하에 재테크에 대해서 얘기하고자 한다. 많이들 했다가 큰 재미를 못 보는 것들의 주의 점에 대해서만 이야기할 것이지 재테크를 하는 방법, 돈 버는 방법을 설명 드리고자 하는 것이 아니다.

1. 주식

주식을 하는 사람들을 보면 거의 하루 종일 쳐다보면서 오르고 내리고에 신경을 쓴다. 대부분 하는 얘기지만 직장인은 주식을 해서 돈을 벌 수 없고 특히 단기로 해서는 돈을 벌 수 없다고 말한다. 사고팔고 하면서 그 수수료로 인해서 증권사만 돈을 벌게 됩니다. 마치 당구나 볼링장 등에서 내기를 하면 돈은 다 당구장 주인이나 볼링장주인이 게임비로 다 받아가는 것처럼 말이다.

직장인은 주식을 하려면 특히 단타로 돈을 벌려면 회사를 관두고 거기에 올인 해야 한다. 이 세상에 그저 대충해서 돈을 버는 일은 없다. 직장인은 주식으로 돈을 벌려고 하지 마시고, 단타로 돈을 벌려고 하지 말고 주식에 투자하는 것이 바람직하다. 세 가지 정도의 주식에 투자하면 됩니다. 그것도 빚을 내서 하지 말고 여유자금으로 하면 안전하다.

우선 자기가 다니는 회사의 주식이다. 이는 자신이 다니는 회사에 투자함으로서 주인의식을 높여주고 자부심을 갖게 해줍니다. 여러분이 주식을 갖고 있는 회사이니 만큼 열심히 일해서 주가를 올리시기 바란다.

두 번째는 자타가 인정하는 우량주, 그리고 여러분이 갖고 있다가 정말 꼭 필요할 때 언제 팔아도 손해 보지 않을 만큼의 우량주에 신입사원때 부터 매달 월급에 일부를 떼어서 조금씩 사서 모으면 10년, 20년 이후에는 큰 가치를 갖게 될 것이다.

세 번째는 여러분에게 주식에 대하여 공부할 수 있게 해줄 수 있는 주식을 사서 경제 동향을 체크하는 용으로 사는 것이다. 주식공부를 위한 교보재라고나 할까? 적은 양을 사서 실제 주식가치가 '0'이 되어도 큰 손해가 없고 여러분의 경제지식을 높이고 혹시라도 잘되면 생각보다 조금 용돈이라도 될 만한 그런 주식 말이다.

2. 부동산

아파트를 사서 재산을 모으려는 생각을 온 국민이 갖게 되는 것은 사실은 사람들의 잘못이 아니라 이 나라의 경제가 성장하면서 생겨나는 부작용이라 생각한다. 부모님에게서 물려받은 돈이 있거나, 아파트가 있거나 하지 않는다면 주거 목적의 집을 구하는 것으로만 해야지 갭 투자 등으로 아파트를 사서 돈을 불린다는 것은 월급쟁이에게는 큰 모험인 것이다.

물론 아파트 갭 투자를 이용해서 돈을 벌었다는 사람들이 많겠지만 말이다. 주위에 보면 주식이나 부동산을 해서 돈을 벌었다는 사람들은 많은 데 돈을 잃었다는 사람은 찾기 힘듭니다. 왜냐하면 잃은 사람은 창피해서 마음 아파서 좋은 일도 아닌데 남들에게 잘 말하지 않기 때문이다.

여건이 된다면 물론 관심을 갖고 좋은 곳에 아파트나 땅을 마련하여 가격이 성장하면 돈을 벌 수 있을 것이다.

사례51. 땅 사기

나 대리 : 너 업자, 어떻게 하면 땅을 갖을 수 있어? 어디가 좋아?
너 업자 : 형님 땅은 돈이 있다고 모두 갖을 수 있는 게 아닙니다. 땅을 사랑해야 갖을 수 있다.
나 대리 : 땅을 사랑해야 한다고?

여기서 땅을 사랑한다는 관심을 갖는 다는 것이었다. 정말 그 이후 땅에 대하여 관심을 갖게 되자 땅이 생겼다. 자기 자신이 직접 땅을 보러 여행 삼아 다니고 그런 가운데서 우연치 않게 자신의 자산규모에 맞는 땅을 만나게 되니 자신의 땅을 갖게 되었다.

물론 인간의 모든 일이 자신이 얼마나 관심을 갖느냐에 따라 그 일이 시작되는 것이다. 막연히 나는 행복해야지, 막연히 나는 부자가 되어야지 하는 식으로는 그 꿈은 이루어질 수 없다.

자신의 비전을 세우고, 구체적인 목표를 세우고 거기에 맞는 Action plan을 설정하여 실제적으로 행동해야 만이 자신의 목표에 한발자국 나아갈 수 있는 것이다.

재산도 마찬가지이다. 막연히 돈을 많이 벌어야지 그러면 행복해지겠지 하는 식으로는 결코 돈이 모이지 않다.

구체적으로 신입 사원 때부터 몇 년 후에는 나의 총재산을 얼마로 만들 것인지, 집은 어디에 몇 평인지, 차는 무엇을 할지, 현금성 자산은 얼마를 모을지 아주 디테일 하게 목표를 세우고 그의 달성을 위해 무엇을 할지 계획을 수립하길 바란다.

그리고 매년 말 얼마나 실행하였는지 확인하시고 필요시 다시 계획을 수정해야한다.

즉 재테크에 있어서도 PDCA가 있어야 여러분의 목표를 달성하는데 좀 더 효과적이라 할 수 있다는 것이다.

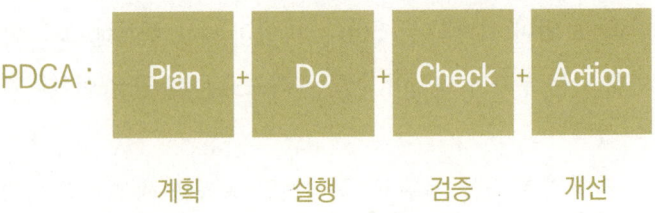

3. 직장인의 재테크에 대한 생각

사실 이 아이템(재테크)에 대해서는 언급을 할까 말까 몇 번을 망설이다가 언급을 하였다

직장생활을 하기로 선택한 순간에 여러분은 돈을 많이 갖고 행복하려는 생각은 이미 포기한 것이다. 이를 테면 한국 돈 수백억, 수천억을 갖는 부자가 되기는 포기했다는 말이다. 직장생활을 하면서는 소위 말하는 부정한 방법을 행하지 않고는 수백 억대의 재산은 모을 수가 없다. 극히 일부 사람들이 회사의 부회장이 되어 연봉 몇 십억을 버는 경우를 제외하고는 말이다.

여러분이 직장생활을 약30년 한다고 했을 때 연봉을 1억을 받는다고 하면

1억/年X30年=30억

직장 생활하는 동안 받는 돈을 전부 모아도 30억밖에 되지 않는다. 그것도 세금을 포함하여 하나도 사용 안 했을 경우이다. 그 두 배 라고 해야 60억이며 세배를 받아도 100억이 되지 않는다.

여러분은 직장생활을 선택하는 순간, 도전하면 어쩌면 실패하기도 쉽고 잘되면 대박을 내서 돈을 몇 백억 벌수도 있는 사업은 포기하는 대신에, 안정적인 월급쟁이를 택하였으며 그 안에서 월급을 통하여 안정적인 생활을 하고 남은 여분의 돈을 잘 활용하여 어느 정도의 부를 축적하는 인생을 택한 것이다. 따라서 직장인에게 있어서 재테크는 어쩌면 큰 의미가 없다. 그저 직장생활 열심히 하면 때가 되면 급료가 나오고 때가 되면 다소 시차는 있지만 그 돈들을 저축 혹은 투자하여 자녀가 있을 경우 사용하고 노후자금을 모으는 것이다.

이런 것이 직장인의 돈에 대한 뻔한 사이클이므로 특별히 재테크에 대해서는 언급하고 싶지 않았지만 그래도 어느 정도 같은 직장이어도 각자의 관심에 따라서 직장생활이 끝날 때 즈음에는 축적된 부의 차이가 있으므로 일부 유의할 사항에 대하여 언급한 것이다.

몇 백억, 몇 천억의 부자가 되고 싶다면 빨리 사표를 쓰고 사업을 하는 것이 현명한 방법이다.

11부

Spec의 Up grade

앞서 언급한 신입사원의 자세에서 일단 회사에 선발되어 취직한 이후에는 모두가 100m 달리기의 출발선 상에 있는 것이고 어느 학교를 나왔든 지 등 과거의 spec은 중요하지 않으며 앞으로 여러분들이 어떻게 하느냐에 따라 미래가치가 달라질 것이라고 말한 바 있다.

이제 여러분은 리더가 되었고 인생 Part 3.를 준비하는 단계에 왔다. 이즈음에는 신입사원 때와는 다른 현상이 나타난다.

여러분은 입사 전 학교에서 각자 다른 전공, 다른 교육을 받고 회사에서 필요로 하는 인재가 되어 입사하였다 그리고 동일한 회사에서 다시 또 각자 다른 일, 다른 경력을 거치면서 이제 리더의 위치에 도달하였다.

그런데 이제 회사를 마치고 퇴직하게 되면 회사에서의 경력은 다르지만 다시 또 동일한 선상에서 제2의 인생을 맞이할 것이다. 각자 회사에서, 직장에서 다른 업무를 겪으면서 또 어떤 특정분야에서 전문가가 되어 있을 것이다. 따라서 그 분야에서 전문가로 인정받는 것은 회사 내에서 일 뿐이다. 밖에서도 공식적으로 해당분야에 대해서 전문가로 인정받고 싶다면 해당분야의 자격증이나 학위가 필요할 것이다.

이 시기(리더~임원)에 그러한 분야에 대한 공부가 필요하다. 퇴직 후에도 회사에서 배운 것, 회사에서 쌓은 경력을 활용할 생각이 있다면 말이다.

예를 들면 회사에서 자신이 품질분야에서 근무하여 사내에서는 품질에 대하여 전문가라고 인정을 받고 있다면, 그 부분에 대해서 공식적인 인정을 받으려면 품질에 대한 기사 자격증이나, 기술사 등의 공부를 할 필요가 있고, 더욱 정진하여 인정받고 싶다면 대학원을 간다거나 할 수 있다.

실제 현실 속에서도 산학협동이니 해서 기업체나 관공서 등에 다니면서 대학원 등에 갈 경우 많은 혜택을 주고 있으므로 전문적으로 공부에만 집중하는 것보다 직장에 다니면서 공부를 병행하는 것이 오히려 더 수월 할 수도 있다. 물론 그러려면 직장생활의 업무를 하면서 학업도 해야 하기 때문에 쉬운 일은 아닌 것이 분명하다.

여러분이 전문적으로 일한 분야를 공식적으로 인정받기 위한 학업을 하라는 것이다.

12부

제 2의 인생(퇴직 후) 무엇을 할 것인가?

인생의 Part 1.에서는 유아기 때는 부모님이 다 알아서 해주고, 교육기에서는 학교에서 하는 프로그램대로 공부하고 때가 되면 시험보고 때가 되면 방학이 오고 세월이 되면 졸업해 상급학교에 진학한다. 그리고 자신이 교육받아온 Spec과 자신이 적성이라고 생각하는 직장을 선택하여 회사에 입사하고 인생 Part 2.를 삽니다. 이제 Part 3.에는 무엇을 하면서 살아야 할까?

1. 혼자 할 수 있는 것이 있나?

우선 무엇을 할지 알아야 하는 데 한번도 나 자신이 혼자서 커리큘럼을 정해서 무엇을 할지 온전하게 정해서 해본 적이 없는 것이 정상적인 교육을 받고 직장생활을 한 대다수 사람들의 경우 이다.

학교시험이나 회사 시험에 떨어져서 재수를 할 경우에는 그나마 언제 공부해서 진도를 얼마나 나갈 지 본인이 결정해서 했지만 그마저도 학원에 가면 다 스케줄이 있어 거기에 따라서 하면 되고, 시험 과목도 이미 다 정해져 있다. 그러나 인생 Part 3.는 무엇을 할지 언제 할지 모든 것을 스스로 결정해야 한다.

자, 이제 하나씩 생각해보자.

얼마 전 우연히 선배를 만나 보니 무엇을 할지 고민하지 말고 "너 하고 싶은걸 하라"는 말을 하더군요, 그 순간 제게 든 생각이 있었다.

우리 할아버지 세대는 (일제강점기~6.25) 우리 아버지 (6.25~산업화)가 굶지 않는 것이 목표였다. 우리아버지는 자식이 농사나 노동 등 몸이 힘든 일은 안 하게 해주는 것이 목표였던 것 같았다. 할아버지 세대는 자식의 먹는 것, 아버지 세대는 자식의 교육, 그러면 우리세대 (산업화~민주화)의 자식에 대한 목표는 무엇일까?

자식은 자기가 하고 싶은 것 해주게 하는 것이 목표였다고 생각한다. 우리세대는 자신이 하고 싶은 전공 보다는 취직을 염두에 두고 전공을 택하는 것이 대부분이었으니까. 자식은 하고 싶은 것 하도록 하는 것이 목표 아니었을까 생각해본다. 물론 모두가 그렇다라는건 아니지만 지금까지 보아온 대부분의 평범한 사람들의 경우 대체로 그런 것 아닌가 하는 생각이 든다.

그렇다. 그 선배의 말대로 하고 싶은걸 해야 한다는 생각이 들었다. 무엇을 할까 생각해보니 전에 한 번도 생각해 본 적이 없어서 막연하기만 했다. 앞서 말한 것처럼 한 번도 무언가를 처음부터 끝까지 혼자 해본 적이 없었다.

예를 들면 해외출장을 가도 늘 회사의 프로세스대로 정해진 대로 출장을 가고... 또 같이 가는 직원들이 출장 관련 업무를 해주다 보니 비행기 티켓 하나 제때에 내가 직접 해본 적이 없었다. 회사의 업무도 아무리 창의력이 있고 도전적으로 열정을 갖고 해결했다고 해도 100% 내가 생각하고 내가 수정한 것이 아니라 조직 내에서 수행한 것이 많았다.

그래서 나만의, 나에 의한, 나 스스로의 여행을 가기로 했다.

2. 나만의 홀로 여행

지금까지 나의 여행은 회사의 해외출장, 가족과 함께하는 여행, 친구와 함께하는 여행이었다.

친구가 하는 말, 누구랑 같이 하는 것은 진정한 의미의 여행이 아니다. 왜냐하면 나만을 위해서 하는 것이 아니기 때문이다. 예를 들면 무엇을 먹고 싶어도 같이 간 사람을 배려하고, 무엇을 보고 싶어도 같이 간 사람이 그것을 싫어하면 갈 수 없고, 같이 간 사람을 배려해야하기 때문이다. 물론 의미에 따라서는 그것도 소중한 여행이지만... 이번 홀로 한 여행에서, 나 스스로 모든 것을 결정하고 수행하고 하면서 많은 것을 느꼈다 이제 나 혼자서 해야 하고 속도는 늦지만 혼자서도 할 수 있구나 하는 것을 느꼈다.

내가 진정으로 보고 싶은 것을 보면서 나만의 상념에 젖을 수 있구나 하는 것들. 그러한 가운데에 앞으로의 제2의 인생을 위해 내가 무엇을 할 것인지를 선택하여야 하고 누구의 도움을 받도록 그 환경을 만드는 것도 내가 해야 하고, 또 노력도 나 자신이 홀로 해야 한다는 것을 느꼈다.

3. 무엇을 할 것인가?

무엇을 할 것인가?를 막연히 생각할 것이 아니라. 내가 할 수 있는 것이 무엇인지를 먼저 생각해 보아야 한다.

나의 spec에서 보완할 것은 무엇인가? 보완할만한 spec은 가지고 있는가? 직장생활에서 얻은 내가 잘하는 것은 무엇인가? 하면서 든 생각이다. 인생에서 가장 의미 있는 일은 무엇일까? 사람은 누구나 자신이 선택해서, 태어나고 싶어서 태어나는 사람은 없다, 어려서는 모르지만 어느 정도 성장하면서 내가 사람이고 인생이란 걸 알게 될 뿐이다. 그러나 주어진 인생을 기왕에 태어났다면 의미 있게 살아야 하고 무언가를 이 세상에 남기려 하는 것이 인간의 욕심이다. 지상의 모든 생물은 동물이나 식물이나 존재의 의미가 최우선이다. 등산길을 오르다 보면 오를 때는 보이지 않던 것들이 내려올 때는 육체의 마음의 여유가 생겨 보이게 된다. 돌 하나 풀 한 포기 이 세상에 의미 없는 것은 없다. 하물며 만물의 영장으로 태어난 사람인 바에야 그 의미가 얼마나 더 크겠는가?

생물들은 태어나서 성장하여 후손을 남기고 자신은 멸하여 간다. 그렇다면 인생의 의미도 이와 같아서 자신의 후손을 위하여 무언가를 하는 것이 의미 있는 일 아닌가?

자신의 자식을 제대로 교육 시켜서 행복하게 할 수 있도록 이끄는 것이 가장 의미 있는 일 일것 이고 자식 다음에는 자신의 정신과 지식 등을 전수해 줄 수 있는 제자가 될 것이고 제자 다음으로는 후배들, 인생의 후배로 자신이 일하던 곳의 후배이던 그들에게 자신의 지식이나 정신을 물려주는 것이 의미 있는 일이 될 것이다.

직장을 떠나서 자연스럽게 생각난 것이 후배들을 위하여 내가 경험한 것을 가르치고 그런 자격을 갖추기 위해서는 다시 또 학습이 필요하다는 것을 느끼게 되었다.

꼭 가르치는 것이 아니더라도 후세를 위한 의미 있는 일을 하는 것 그것이 제2인생의 할 일 중 하나가 아닐까 생각한다.

4. 어떻게 준비 할 것인가?

선진국의 경우에는 퇴직을 앞두거나, 경험이 많은 숙련자 들을 활용하기 위한 국가적인 프로그램이 많다고 하는데 우리사회는 이제 막 선진국이 되어 아직 미흡할 것이 사실이다. 그러나 사회적으로 분위기 자체가 매우 노년에 대하여 신경 쓰는 것으로 바뀌어가고 있으므로 자신만 신경 쓰면 그리 어렵지 않을 것이다.

아쉬운 것은 대부분의 직장에서 이러한 것들에 대하여 좀 더 제도적으로 신경을 쓰면 좋을 텐데 아직은 ESG경영 등을 내세우면서도 부족한 것이 사실이다.

특히나 과거 사람의 경험에만 의지하던 전통적인 제조업의 경우에는 숙련자들의 경험이 매우 많이 필요할 텐데 아쉬운 부분이 많다. 리더급들의 경우에도 그저 정년까지만 다니는 것이 최대의 목표인 것처럼 지내게 하거나 임원들의 경우는 사전에 미리 예고하여 준비할 시간을 주면 좋으련만 재벌기업 오너 경영자들의 안이하고 인간적이지 않은 관리로 인하여 한국의 노령 인구의 활용도가 떨어지는 부분이 없지 않다.

스스로 자신이 경험이 많은 부분에 대하여 사전에, 취직 전에 정보를 많이 갖는 것이 중요하며 당장은 아니더라도 서서히 준비하는 자세가 필요하다.

제2의 인생을 위한 재테크, spec의 향상, 그리고 무엇을 할 것인지에 대해서 이야기했으나 무엇보다도 가장 중요한 것은 건강이다.

13부

건강(健康)의 의미

정신적으로나 육체적으로 아무 탈이 없고 튼튼함 또는 그런 상태

제2의 인생에는 건강, 돈, 그리고 삶을 함께 할 수 있는 일과 동료가 필요하다. 그 중에 가장 기본이 되는 것이 건강이다. 몸과 마음이 힘들면 그 어떤 것이 있어도 나 자신의 삶을 영위 할 수 없다.

건강을 위해서는 그 첫 번째는 유아기부터 부모가 관리해주어야 하며 둘째로는 성장기에 자기 자신이 무리하지 않아야 하며 직장생활 중에는 자기 스스로 정신과 육체를 관리하여야 한다.

정신적인 부분에서는 앞서서도 한번 언급 했지만 자신의 고민이나 스트레스 등 을 이길 수 있는 굳건한 자기 자신만의 철학이 필요하다 이를 위해서는 철학이나 종교 등에 대하여 관심을 두고 틈틈히 자신의 정신을 청소(?),업그레이드를 하는 것이 필요하다.

육체적인 건강은 자신의 몸을 혹사시키지 않는 것이 중요하다.

당연히 술, 담배를 안 하면 좋겠지만 어쩔 수 없다면 적당히 하는 것이 건강에 그나마 유용하며 한 가지 권유할 것은

평상시 꾸준히 운동할 것을 신입사원 때부터 주기적으로 행하는 것이 좋다. 자기 자신이 좋다 하는 운동이 있으면 좋으나 없으면 강제적으로 라도 하나 자기 자신이 좋아하게 되도록 운동을 개발하여 지속적으로 수행하라.

지금 하는 운동이 10년 후의 육체를 지탱시켜준다는 말이 있다. 50대까지는 운동하는 것에 의하여 몸이 좋아지고 60대 때는 운동을 하면 현상유지가 되고 70이 후에는 운동을 해도 조금만 무리하면 건강이 오히려 나빠질 가능성이 크다고 한다.

만약 오늘 담배를 피워 내일 죽는 것이 명확하다면 누가 오늘 담배를 피우겠는가?

건강도 마찬가지이다. 하루아침에 나빠지는 것이 아니라 천천히 자신도 모르게 악화 되는 것이다.

틈틈이 독서를 하라고 얘기한 것처럼, 독서는 취미가 아니라 생활이라고 말했듯이 건강을 위한 것 또한 생활이 되어야 하고 여러분이 좀 더 나은 미래가치를 위하여 시간을 투자해서 확보해야 하는 자본금 같은 것이라는 것을 잊지 않기 바란다.

14부

좌절을 이기는 방법

우리는 살면서 누구나 좌절하는 때를 맞이한다. 그런대 거기서 좌절하여 다시는 일어나지 못하는 사람이 있는가 하면 그 좌절을 딛고 일어나 실패를 교훈삼아 성공하는 사람들이 있다. 직장에서는 업무에 실패했거나 승진에서 누락하거나 해고당했을 때 좌절을 겪게 됩니다. 이럴 때 어떻게 다시 일어설 수 있을까요?

그 첫 번째는 인정이다. 자신의 실패를, 과오를 인정하는 데서 좌절의 극복이 시작됩니다.

사례 52. 실패의 인정

잭 웰치는 학생시절 아이스하키팀의 일원이었는데 억울하게 게임에서 그것도 결승전에서 지고 나니 너무도 분하고 억울하여 스틱을 집어 던지며 분개했다. 그날 저녁 집에 갔을 때 어머니로 부터 매우 꾸지람을 들었답니다.
경기에서는 질 수도 있고 이길 수도 있다. 그러나 패배를 인정하지 못한 너의 자세에서는 너는 아무것도 얻을 것이 없다. 패배를 인정하라 그래야 원인을 찾을 수 있고 그리고 거기에 대해 대책을 세워서 다음번에 너는 다시 이길 수 있는

데 너는 게임에서 지고 매너에서도 지고 너 자신의 감정도 못 다스려서 이번 경기에서 얻은 것이 아무것도 없다.
그 이후 잭 월치는 항상 실패한 경우에도 반드시 무언가를 얻으려 노력 했다고 한다.

맞다. 좌절하면 인정하고 그 좌절에 대하여 마음껏 슬퍼하라. 나의 실패로 인정하고 거기서 교훈을 찾으면 우리는 다시 일어 설 수 있다.

신은 우리에게 존재의 의미를 주었다. 우리를 이 세상에 보낸 이유가 있을 것이며 우리가 주어진 상황에서 이를 인정하고 극복하며 우리는 더 큰 가치를 만들 수 있는 것이다.

15부

소중한 것들

나에게 가장 소중한 것은 무엇인가?

아이에게 물었다.

나 엄마 : 우리 딸은 이세상에서 누굴 제일 사랑해?

너 딸 : 나요

나 엄마 : 으이구, 자기네 아빠 닮아서…

맞다. 이 세상에서 가장 소중한 것은 나 자신이다. 나 자신을 사랑해야 가족도 사랑하고 이웃도 사랑하는 것이다. 그러니 자신의 건강과 자신의 성장을 위해서 최선을 다하길 바란다.

나 다음으로 소중한 것은 가족이다. 가족 중에서도 이 글을 읽는 분이 남성이라면 아내, 여성이라면 남편, 결혼 안 하셨다면 거기에 대체할 만한 그 누군가가 소중한 것이다.

남자의 경우 아내가 아프거나, 아내가 속상하면 자신의 생활이 잘 꾸려 나가지지 않다.

부부간에 잘 지내는 법, 자녀와의 관계도 마찬가지 이다. 짧은 대화라도 대화가 자주 있어야 한다. 소위 말해서 잉꼬부부라고 하는데 그 부부도 대화가 없으면 안된다. 가끔은 싸우고 갈등이 생기더라도 서로를 이해하고, 서로의 정체성을 인정해야 부부관계가 원만해지며 나의 생의 동료로서 같이 할 수 있는 것이다.

부부간에 잘못한 것이 있으면 진심으로 사과하여 문제를 해결하고 나가야 한다. 여러분의 행복을 위해서는 자신의 건강을 바탕으로 하여 여러분이 추구할 생활을 가족과 함께 하는 것, 그것이 행복이 아닐까?

후기

　얕은 경험과 지식으로 인생의 Part3.(직장~퇴직) 생활을 어떻게 하면 잘 할 수 있는지 얘기해 보았다.

　모든 것이 딱 맞는 것은 아니지만, 그리고 필자도 기술한 대로 다하지 못했지만 나름 필요하거나 이리 저리 하면 좋을 것 같다는 생각을 글로 표현해보았다.

　아무쪼록 새로운 곳에서 새로운 생활을 시작하는 신입사원들에게 작으나마 도움이 되었기를 바란다.

　마지막으로 당부하고 싶은 한마디, 여러분 자신의 정신적 지주가 있으면 이 세상을 사는 것이 좀 더 의미 있고 보람차며 행복하리라 생각한다.

　내가 좋은 일이 생겼을 때는 진정으로 축하해주고 힘들 때 보탬이 되는 것이 부모님인데 부모님은 영원히 우리와 생을 같이 할 수는 없으니, 영원히 우리가 힘들 때 힘이 되어 줄 수 있고 좋은 일이 있을 때는 그 기쁨을 함께 할 수 있는 정신적 지주가 있으면 이 험난한 인생을 헤쳐 나가는데 좀 더 도움이 되지 않을까? 필자에게는 그런 분이 바로 "하나님"이다.

아빠도 쉽지 않았다.

초판인쇄일 _ 2023년 5월 20일
초판발행일 _ 2023년 5월 20일

펴낸이 _ 이철재
펴낸곳 _ 장원문화인쇄

주소 _ 인천 미추홀구 인주대로23번길 35
전화 _ 032)881-4944

지은이 _ 이철재
    현)Steel Alive 컨설턴트
    현)호서대 안전행정공학 박사 과정
    2022. 경신스틸(주) 기술고문 역임
    1991-2021. 현대제철 근무(상무)

기획 및 편집 _ 장원문화인쇄
인쇄 _ 장원문화인쇄

ISBN 979-11-91978-03-2

저작권자의 허락없이 이 책의 일부 또는 전체를
무단 복제, 전재, 발췌하면 저작권법에 의해 처벌을 받습니다.